[日] 森田直行 著　窦少杰 译

阿米巴经营

「实战篇」

全員で稼ぐ組織 JALを再生させた
「アメーバ経営」の教科書

机械工业出版社
China Machine Press

图书在版编目（CIP）数据

阿米巴经营（实战篇）/（日）森田直行著；窦少杰译 . —北京：机械工业出版社，2015.5
（2023.11 重印）

ISBN 978-7-111-50219-7

I. 阿⋯ II. ①森⋯ ②窦⋯ III. 企业管理 – 经验 – 日本 – 现代 IV. F279.313.3

中国版本图书馆 CIP 数据核字（2015）第 102484 号

北京市版权局著作权合同登记 图字：01-2015-0183 号。

ZENIN DE KASEGU SOSHIKI written by Naoyuki Mrita.

Copyright © 2014 Naoyuki Morita.

All rights reserved.

Originally published in Japan by Nikkei Business Publications, Inc.

Simplified Chinese Translation Copyright © 2015 by China Machine Press.

Simplified Chinese translation rights arranged with Naoyuki Morita through Bardon-Chinese Media Agency. This edition is authorized for sale in the Chinese mainland (excluding Hong Kong SAR, Macao SAR and Taiwan).

阿米巴经营（实战篇）

出版发行：机械工业出版社（北京市西城区百万庄大街 22 号 邮政编码：100037）

责任编辑：王金强

责任校对：董纪丽

印　　刷：三河市宏达印刷有限公司

版　　次：2023 年 11 月第 1 版第 25 次印刷

开　　本：147mm×210mm 1/32

印　　张：7.25

书　　号：ISBN 978-7-111-50219-7

定　　价：69.00 元

客服电话：（010）88361066 68326294

译者序

　　很早以前我就听说过京瓷株式会社的阿米巴经营，也知道那是一种将企业组织划分成若干个小组织的经营管理方法，但却一直未弄明白它具体的组织方法和运营方式。随着不断地查资料、读文献，又知道了阿米巴经营需要与京瓷株式会社的经营哲学一起运营才有效。后来，我幸运地与京瓷株式会社前任中央研究所所长、执行董事宫田秀典先生相识相知并成为朋友，随着我们之间交流增多，我对京瓷的阿米巴经营和经营哲学的理解也慢慢地有所加深。

　　一直以来，成功打造两个世界500强企业的稻盛和夫，以及稻盛和夫编制出来的阿米巴经营，都是中国企业家追捧和崇拜的对象。2010年，日本航空的成功重建让阿米巴经营和经营哲学再一次受到世人的瞩目，更加激发了中国企业家学习稻盛和夫、学习阿米巴经营的热潮。一些企业甚至开始模仿京瓷株式会社的做法，在自己公司导入所谓的"阿米巴经营"，但很多以失败而告终。究其原因，大多在于对"阿米巴经营"的理解不够深入，仅仅知道了个大概就盲目地去推行，其结果往往是把阿米巴经营做成了中国式的"大包干"。

那么，阿米巴经营到底是一种怎样的经营管理方式呢？实行阿米巴经营的要点和难点都是什么呢？森田直行先生的著作《阿米巴经营（实战篇）》，可以说是长期以来我读过的关于阿米巴经营的最详尽，也最具有实操性的教科书。

首先，作者森田直行先生原本是京瓷株式会社的高管，是与稻盛和夫先生一起在京瓷公司内部实施阿米巴经营，并将阿米巴经营体系化、系统化的当事人之一。而且，森田直行先生还亲自在京瓷集团内部组建了对外提供阿米巴经营咨询服务的公司 KCCS，并积极对外开展导入阿米巴经营的咨询服务业务。因此可以说，森田直行先生本身不仅对阿米巴经营了如指掌，对阿米巴经营的诸多变化形态，以及在不同类型企业中应当导入怎样的阿米巴经营等方面有着无可类比的丰富经验。2010 年 1 月，森田直行先生作为稻盛和夫先生带去的仅有的两个助手之一，全程参与了日航的重建。

其次，本书中不但详尽介绍了阿米巴经营的体系和运营方法，也详细介绍了多个日本企业导入阿米巴经营的案例。第 2 章生动地描述了日本航空再生重建的整个过程，第 3 章介绍了工业制造企业荻野工业的案例。为了进一步解释阿米巴经营同样适用于服务业企业，本书第 4 章以医院和护理企业为案例详细介绍了阿米巴经营的具体导入方法和运行方法。更让我兴奋的是，森田直行先生在第 5 章还专门列举了 7 家导入了阿米巴经营的中国企业，并详细介绍了阿米巴经营在中国超市企业中的应用，这直接打消了我长期以来一直抱有的"阿米巴经营可能不适合中国的经营环境，不适合中国企业"的片面想法，也为我们中国企业导入和实行阿米巴经营提供了生动的案例和教材。

那么在我们学习阿米巴、导入阿米巴经营的时候，有哪些要点需要注意和重视呢？通过翻译本书和长期以来对阿米巴经营的理解，我觉得下面几点需要着重强调一下，需要读者朋友们注意。

第一，在公司内部实行意识改革，用经营哲学武装全体员工的头脑并实现文化落地。无论进行怎样的改革，意识上的改变是前提，也是具体改革措施成功的关键。兵书云"兵马未动，粮草先行"，意识改革就是这里的"粮草"。只有我们在公司内部统一了认识，做起事情来才能够事半功倍。

第二，正确设置企业的利润中心和成本中心。这是顺利运行阿米巴经营的关键。要做到这一点，就需要理顺和明确公司各个部门的职责，理顺公司整个业务流程，以及发生成本、产生利润的"点"。为了理顺公司内部各个部门的职责，顺利导入阿米巴经营，有时候甚至需要我们来调整现存的组织形态，重新构建适合于阿米巴经营的组织架构。

第三，正确理解"定价即经营"，导入合理的"内部交易"机制。可以说，在公司内部确立合理的"内部交易"机制，是阿米巴经营的核心所在。在本书中，为了便于理解，作者对制造业企业和服务业企业进行了区分，在制造业企业里称为"内部交易"，在服务业企业里则称为"合作对价"。实际上，无论是在什么类型的企业里，在明确了利润中心和成本中心之后，让相关部门都能形成自己的收支，合理地核算出单位时间附加价值，才能够有效地运营阿米巴经营。

第四，在公司内部实现经营的透明化、公开化。实行像玻璃般透明的经营，这应该是正确运营阿米巴经营的保障。职业棒球选手因为能够随时知道自己击球率的变化，才能为尽可能地提高自己的成绩而努力；因为能够知道自己所在的球队的成绩和排名，才能为尽可能地提高自己球队的成绩而拼搏到最后一刻。企业的员工也一样，只有将经营做到公开透明，员工们才能全面理解公司的经营状况，才能明确自己所在的阿米巴对公司成长的贡献，更能点燃各个员工的斗志。

"世界上有各种各样的经营手法，而阿米巴经营之所以区别于其他，正是因为导入阿米巴不仅可以改变企业的决策机制、组织和事业的结构，更能改变肉眼难以看到的企业文化，甚至改变员工的人生观和价值观。"阿米巴经营就是这样一种经营手法。作为企业的经营者，当你感觉到企业组织效率不高的时候，当你感觉到企业人心涣散的时候，当你感觉到企业内部空气流通不畅的时候，根据自己企业的实际情况来导入阿米巴经营，应该是一个不错的选择。

窦少杰

2015 年 4 月于日本奈良

前言

　　1989 年，我在京瓷设立咨询服务事业部，开始将本不对外公开的"阿米巴经营"作为主要内容对外提供咨询服务。阿米巴经营是京瓷公司的创立者稻盛和夫名誉会长根据自己经营管理企业的经验构建出的一套经营手法，正是这种经营手法最终竟成了京瓷公司从一个小作坊发展成为世界知名大企业的原动力。

　　迄今为止，我在各种各样的企业里导入阿米巴经营，与许许多多的企业经营者一起经历了无数次的改革和改善，也亲身经历过了很多赤字企业像不死鸟一样起死回生，并变成一个利润率很高的企业。而实现这些巨大变化的原动力，在我看来正是"人的潜力"。

　　"人的潜力"是无限的。不论是在多么艰难的情况下，只要能把它顺利地最大限度地激发出来，企业总是能够峰回路转，冲杀出一条活路。

　　本书将要介绍的阿米巴经营，正是一种能够将人的潜力无限地激发出来的经营手法。世界上有各种各样的经营手法，而阿米巴经营之所以区别于其他，正是因为导入阿米巴不仅可以改变企业的决策机制、组织和事业的结构，更能改变肉眼难以看到的企业文化，甚至改变员工的人生观和价值观。

2010 年 1 月，稻盛和夫接受日本政府和企业再生支援机构的强烈要求，就任已经破产的日本航空（JAL）的会长。而我也作为会长助理兼财务总监代理参与了此次严峻的挑战。在整个过程中，我主要负责两项工作，一项是全力辅佐日航重建的总指挥稻盛和夫先生，另一项就是在日航中导入阿米巴经营。

之后日航经营发生的巨变，让我们这些当局者都觉得震惊。众所周知，在日航开始进行重建第二年的 2011 年，日本发生了震惊世界的东日本大地震，这让整个日本经济也因此笼罩上了阴影；而日航却仅用了两年八个月的时间，在 2013 年 9 月重新实现了在东京证券交易所上市。

日航的成功重建不仅震惊了日本，也震惊了世界。整个世界都看到了日航的迅速复活，而且也把目光聚焦到了实现日航复活的阿米巴经营上。我们从全球各地收到了大量希望能了解阿米巴、学习阿米巴的声音。

实际上，阿米巴经营早就已经受到关注，并已经有大量的媒体和书籍进行了介绍。但这些介绍当中，真正对阿米巴经营的实践方法进行了详细介绍和描述的，可以说几乎没有。而且，也有这样的误解存在："阿米巴经营只适合制造业企业。"

目前，我在 KCCS 管理咨询公司（KCMC）担任会长。这是一家京瓷集团的关联公司，正积极地对外开展阿米巴经营的咨询服务业务，也就是说，这家公司是阿米巴经营的真正本家。

在本书中，我结合自身的一些实践经验，结合导入阿米巴经营企业的案例，以及在日航导入阿米巴经营使其复活的具体做法，希望能尽量通俗易懂地解答下面这几个问题：什么是阿米巴经营？阿米巴经营应该如何导入和运用？导入阿米巴经营之后企业会发生哪些变化？等等。

我们都知道，有很多大企业将以部门为单位的结算制度作为企业的管理会计。然而，这样的管理会计往往是根据财务会计的利润表为基础，并大都以事业本部等较大的部门为核算单位进行会计核算。通常，企业的利润是在销售结果出来之后才能核算出来的，所以核算一般是放在销售部门，制造或者服务部门的经营数字，则一般是看花销，也就是通过成本来进行控制。由此来看，只有统括生产和销售整个环节的事业本部，才能够把控利润，因此可以说，能够对利润进行管理的人，只有事业本部经理和一小部分相关员工。

与此不同，阿米巴经营则被称为小集团部门核算制度，销售、生产、服务等，每个部门都能够进行核算管理，因此，几乎所有的企业员工都能参与到利润的核算管理中来。

阿米巴经营的最大特点，就是把企业组织分成许许多多被称为"阿米巴"的小集团，各个阿米巴的领导者就像是经营者一样经营着自己的阿米巴。在会计核算年度开始之前，公司通过自下而上的方式制定这一年的经营目标，并同时确认好每个阿米巴必须完成的绩效目标。于是，为了完成公司的年度计划目标，各个阿米巴的领导者每个月自己制订工作计划和安排，集结阿米巴内部所有人员的智慧，来逐步完成阿米巴自己的目标。而要实现这种经营方式，就需要有能够准确并即时地提供经营数据的部门结算制度。阿米巴的领导者和其成员可以根据这些即时的经营数据来调整和运转自己的PDCA，并积极地为达成共同的目标而努力。

自己的努力能够迅速地通过数字被反映出来，这可以说是阿米巴经营的一个要点。

只有通过数字明确地知道"目标值"（预定）和"现在值"（实绩），我们才能够明确这两者之间的差距，也才可能考虑为了缩小或消除差距而应该怎么做。明确了这个差距，人们会开始努力。人也许就是这样，看到与自己相关的数字，便不由自主地会去想"尽量将这个数字做得更好"，这应该是我们人类的一个特性吧。

但相反，如果我们努力的结果不能用数字表示出来、无法衡量的话，也很奇怪，我们也通常会认为现状是正确的，而不去思变。举个例子，请想一想职业棒球选手。在进行比赛的时候，如果击球率等个人的成绩和球队的输赢不被公开的话，那估计他们也不会有动力；而如果能看到自己的击球率上升，能看到胜利的希望，相信每个队员都会去努力。

企业经营亦是如此。但实际上有很多企业，它们的员工却在进行着一些根本不知道击球率怎样、不知道输赢的比赛。在这样的情况下，要想把员工的工作积极性发挥到最大，可以说无论谁是经营者，这都是一个几乎不可能解决的难题。

人的潜力是无限的，但很多企业其实并没有将这种潜力进行最大限度的活用。对于这些企业，我们非常希望它们能运用一下阿米巴经营这个方法。企业如果想最大限度地发挥员工们的潜力，那就应该以小集团、小部门为单位来把握利润，并引导员工以实现自己所在小集团的利益最大化为目标而积极努力。

阿米巴经营也是一种非常人性化的经营手法。虽然有"目标必须达成"这样严格要求的一面，但也有追求员工精神和物质两方面幸福，企业就像个大家族一样温存的一面。工资体系不是成果主义，相反却更加接近于年功主义。这与欧美主流的成果主义相比可以说存在本质上的不同。

通过本书，如果能有更多的人正确认识阿米巴经营，赞同阿米巴经营，那对我而言就是至高无上的幸福。

目录

第 1 章

阿米巴经营是一种
怎样的经营手法

为了实现全员参与的经营

阿米巴经营是京瓷公司的创立者稻盛和夫名誉会长根据其企业经营的经验而构建出来的经营手法，"企业经营不仅仅是经营层从事的工作，企业的全体员工都需参与其中"这种思想贯穿始终。

阿米巴经营的最大特点是，作为结算单位的组织都是由5 ~ 10 人组成的小集团（阿米巴），而且每个小集团都像一家小公司一样进行独立核算并运营。每个阿米巴的营业额、利润、经费等收支，在每个月末被迅速结算出来，并对公司所有的员工公开。这样，经营者对每个部门的经营业绩一目了然，员工对自己的贡献也了如指掌。每个员工都拥有很强的利润意识，并自然而然地为实现利润最大化而努力。

每个阿米巴都有一个领导者，他一边集结所有成员的智慧，一边像经营者一样成为阿米巴的掌舵手，运用"将营业额最大化，将费用最小化"这句箴言带领成员共同完成阿米巴的经营目标。这就是阿米巴经营所要实现的全员参与经营的理想状态。

领导者为了经营自己的阿米巴，必须通过数字信息来把握自己阿米巴的经营情况。但如果这些信息让领导者自己来收集和整理，那必定是非常烦琐。所以，在导入阿米巴经营时，必须有一个专门收集并加工这些信息，让领导者们在需要时就能马上使用这些信息的部门（经营管理部门）。所要收集的信息，包括当月销售额、生产进度、原材料价格、产品订单内容、每月的租金和折旧费、光热费用、员工的出勤状况（劳动时间），以及从销售额中减去经费所剩下的利润额等。每一条信息，都需要在信息系统的支持下随时把握，要做到即便没有经营会议，也能让每一个阿米巴领导者在第一时间获得第一手资料。

在你的公司里，谁在创造利润

阿米巴这个名字，是从单细胞原生物阿米巴那里得来的。

单细胞原生物阿米巴，能够根据环境的变化改变自己的姿态和形状，并进行细胞分裂，巧妙地适应周围的生存环境。它们的样子与我们在京瓷公司实行的经营手法非常相似，因此我们将经营手法冠名为阿米巴经营。在阿米巴经营中，每个阿米巴的领导者都可以根据自己的判断，根据需要来从其他阿米巴借人进来，或者将自己的人借出去。人数变了，业务的做法也就随之发生变化，诞生出新的创意，阿米巴也就能不断地进化。末端组织的组织形态和人们的劳动方法在遵循一定规则的条件下，根据环境的变化而迅速地进行自动的自我调整和修复，这就是被命名为阿米巴的缘由。

我们认为企业经营最重要的事情，就是要持续不断地保证在企业工作的每个人的生活。换句话说，就是将企业看成是一个大家族。这也正是在人类历史的长河中形成的人的组织所应有的形态。而且也正是为了保护员工，为了保证他们的生活，企业必须是一个永续的存在，也必须创造利润。总而言之，在我们考虑什么是经营的时候，归根结底，我们可以归纳出，经营就是"创造利润"。为此，作为经营者，就必须创造出每一个员工都能积极为经营目标的实现，即利润的最大化而努力的环境。能帮助经营者做到这一点的，就是阿米巴经营。

这里有一个问题。

"在你的公司里，谁在创造利润呢？"

能够立刻给出答案的经营者应该不会很多。

可以说不论是哪个企业，都是在追求销售额的最大化和经费开支的最小化。但往往我们的企业里面却没有能够详细掌握结算信息的机制。就拿制造业企业来说，一般来讲，生产部门是按照规定好的成本和经费来编制预算，以将实际生产成本控制在预算以内为目标。最终公司是否能赚钱，这就要等到销售部门把产品卖给顾客，公司把所有决算都做完之后才能知道。而且这里所算出来的利润，哪些是生产部门创造的，哪些是销售部门创造的，却无从知晓。

如果创造出了很大的利润，具体哪个部门贡献的比较多这似乎也不太重要。但是如果完全没有盈利，那我们是不是需要明确到底是哪里出了问题呢？而当追究责任时，生产部门也许就会说："我们生产部门严格地将成本控制在了预算以内，销售部门卖的价格那么低，所以才会没有利润。"而销售部门则必定反驳："价格的确是不高，但这是市场价格，不按照市场价格来的话，谁也不会来买我们的产品。"于是乎，就开始踢皮球，相互泼脏水，推卸责任。更为严重的是，由于不到期末也不知道会出现亏损，所以经营不能及时地调整对策作出应对，赤字规模就会越来越大（见图 1-1）。

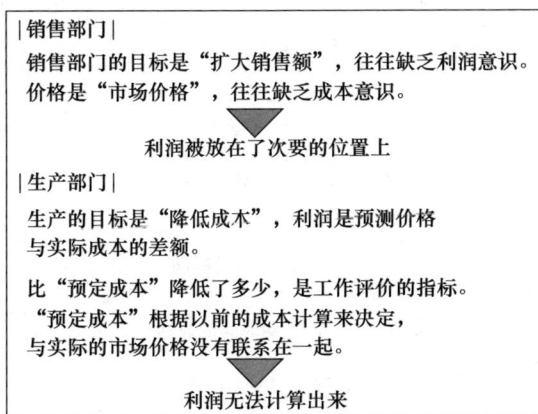

```
|销售部门|
销售部门的目标是"扩大销售额"，往往缺乏利润意识。
价格是"市场价格"，往往缺乏成本意识。

            ▼
        利润被放在了次要的位置上

|生产部门|
生产的目标是"降低成本"，利润是预测价格
与实际成本的差额。

比"预定成本"降低了多少，是工作评价的指标。
"预定成本"根据以前的成本计算来决定，
与实际的市场价格没有联系在一起。

            ▼
        利润无法计算出来
```

图 1-1　利润管理不容易进行的原因

阿米巴经营的特点如图 1-2 所示。

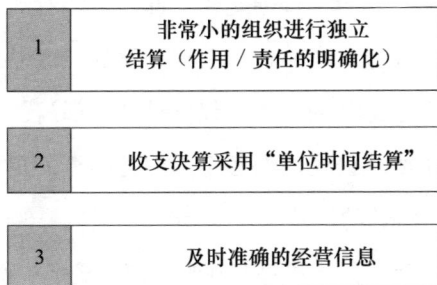

```
1   非常小的组织进行独立
    结算（作用／责任的明确化）

2   收支决算采用"单位时间结算"

3   及时准确的经营信息
```

图 1-2　阿米巴经营的三个特点

阿米巴经营的指标如图 1-3 所示。

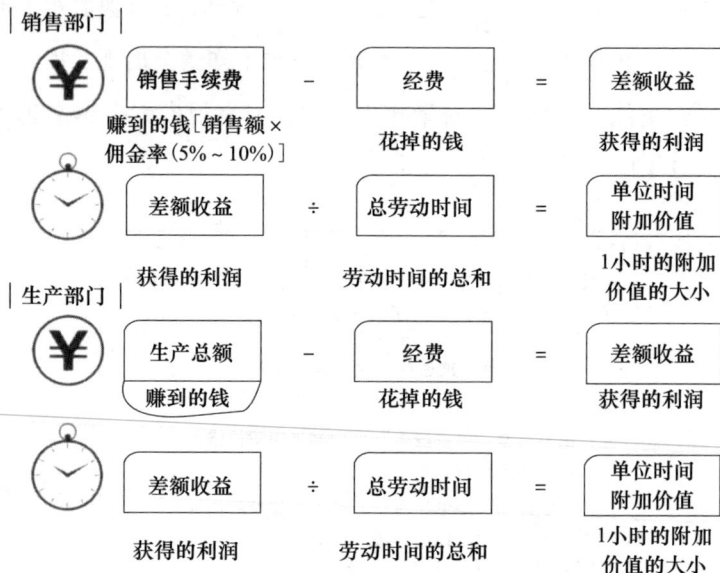

| 销售部门 |

¥					
	销售手续费	−	经费	=	差额收益
	赚到的钱[销售额 × 佣金率(5%~10%)]		花掉的钱		获得的利润

⏱					
	差额收益	÷	总劳动时间	=	单位时间 附加价值
	获得的利润		劳动时间的总和		1小时的附加 价值的大小

| 生产部门 |

¥					
	生产总额	−	经费	=	差额收益
	赚到的钱		花掉的钱		获得的利润

⏱					
	差额收益	÷	总劳动时间	=	单位时间 附加价值
	获得的利润		劳动时间的总和		1小时的附加 价值的大小

图 1-3　阿米巴经营的经营指标

通过公司内部交易来实现阿米巴的独立核算管理

导入了阿米巴经营，即便是生产部门也能看到自己创造的利润。制造企业是通过生产制造来获得利润的，这也是制造企业存在的意义。所以考虑利润的不能仅仅是销售部门，生产部门也要参与进来。为了明确公司内部各个部门的结算，我们使用"企业内部交易"这个特殊的机制。

企业内部交易，是指将每个阿米巴都看成是一家独立的公司，在阿米巴之间发生产品移动的时候，将其看作在企业内部发生了买卖交换。阿米巴的生产总额，是企业内部阿米巴向其他阿米巴销售的"内部销售"总额加上企业对外销售的"对外销售额"之后，减掉企业内部阿米巴之间发生的"内部购买"而得出来的数值。再从这个生产总额之中减掉生产过程中花费的经费，就是我们所说的差额收益。

而这里的"经费"，则是由"原材料费用"、"外包加工费"、"电费"等直接经费和"总公司经费"、"工厂经费"、"销售手续费"以及"利息费用"等间接经费两部分组成。在制造企业里面，产品的生产总额基本上由负责生产的阿米巴来核算，而负责产品销售的阿米巴则一般按照 5% ~ 10% 的比例提取销售手续费，因此，负责生产的阿米巴的经费里面有"销售手续费"这个项目。另外，总公司和工厂的经费，以及管理部门和研发部门这些基本上不会直接跟收入挂钩的间接部门的经费，则按照一定的规则由直接部门等结算部门的阿米巴共同负担。

另外需要注意的是，人工费是不包含在经费里面的。这样做的原因，是因为阿米巴被划分成了非常小的组织，如果将人工费也核算在内，那么每个人的工资额度就相当于被公开了。而相互知道了工资额度之后，工作岗位里的气氛和关系有时候就会变得比较尴尬。所以在这里，我们用差额收益除以总劳动时间，将"单位时间附加价值"算出来，用这个指标来把握各个阿米巴的利润状况。

将对利润负责的部门明确化，并引导企业全体员工共同努力实现利益最大化，这就是阿米巴经营的目的。阿米巴经营，就是运用"部门单位结算制度"的手法，利用"单位时间附加价值结算表"这种像家庭收支表一样的账目表，对每个阿米巴的销售额、利润、经费、劳动时间等进行即时的细致管理。阿米巴之间进行内部交易的时候，以及向企业外部销售的时候，或者是通过采购部门从外部采购原材料的时候，只要有物品和金钱的移动，这个时候就必须要有单据的移动，也就是说，单据和物品或者金钱是"一一对应"同时移动的。这些单据上面所记载的信息就是预测阿米巴经营业绩的依据，因此，想要让阿米巴经营顺利运转，首先要保证单据能及时迅速地记录并跟随物品或金钱同步移动起来。

在单位时间附加价值结算表里面，没有财务专用的项目术语，而是通过通俗易懂的管理会计的方法展示出来。看到这里，如果具备一定会计知识的人，相信已经觉察到阿米巴经营实际上就是一种管理会计。会计，既有按照会计准则和会计法规来操作的以向企业外部进行报告为目的的"财务会计"，也有为企业的经营决策提供参考信息资料的"管理会计"。要想读懂财务会计做出来的利润表，没有一定的财务会计知识是不行的；而单位时间附加价值结算表就像家庭收支表那样将每个阿米巴的收支明白清楚地列示出来，即便是没有会计方面的专业知识也能很容易理解。通过结算表里的数字了解自己阿米巴的现状，并在这个基础上进行改善，使得单位时间附加价值进一步增大，这就是阿米巴领导者的职责。

这些数字信息被经营管理部门以月为单位收集、统计出来，一个月结束后当月的销售额、生产总额、经费以及差额收益等，都通过单位时间附加价值这个指标明确地展现出来。

单位时间附加价值，是阿米巴进行结算管理时采用的一个非常方便的指标。其实非常简单，就是从赚到的钱中，扣除花费的经费，然后再用总劳动时间一除，就可以算出来。不论阿米巴里面有 5 个人或是 10 个人，因为是除以总劳动时间，所以它不会受到阿米巴规模大小的影响，适用于所有的阿米巴。

如果有一个阿米巴，它的单位时间人工费（总人工费 / 总劳动时间）假设是 3000 日元，而他们阿米巴的单位时间附加价值假如只有 2000 日元，也就是说这个阿米巴的员工连他们自己的工资都没有赚出来，明白了这一点，他们自然而然地就会去努力。而如果单位时间附加价值的数字比较高，那么阿米巴的成员就能迅速地知道"我们赚到了几万日元的利润"，他们斗志的火焰也就会越烧越旺。

生产制造部门阿米巴的结算表与家庭收支表的对比，如图 1-4 所示。

| 阿米巴结算表 |

	预定值	实际值	差额
总销售 (b+c)			
对外销售 (b)			
内部销售 (c)			
内部购买 (d)	▲	▲	
总生产 (a=b+c-d) 合计	日元	日元	日元
经费 (e) 合计	日元	日元	日元
原材料费用			
外包加工费			
电费			
……			
……			
……			
……			
利息·折旧费用			
内部共通经费			
工厂经费			
总公司经费			
销售手续费			
差额收益 (f=a-e) 合计	日元	日元	日元
总劳动时间 (g)	小时	小时	小时
规定劳动时间			
加班时间			
部门内部共通时间			
每月单位时间附加价值 (f/g)	日元	日元	日元
单位时间生产量 (a/g)			

| 一般的家庭收支表 |

	月日
工资收入	
打零工收入	
利息收入	
其他收入	
总收入 合计	日元
总支出 合计	日元
饮食开销	
衣帽开销	
电费、水费、煤气费	
生活用品费用	
住宅用品费用	
教育费	
娱乐费用	
医疗费用	
保险费用	
纳税	
存款	
偿还贷款	
其他支出	
剩余现金额度合计	日元

图 1-4　生产制造部门阿米巴的结算表和家庭收支表

管理会计和财务会计的关系

阿米巴经营是管理会计的一种，但与财务会计也是紧密联系在一起的。销售额、经费和税前利润等额度，在管理会计和财务会计的数据上都是相通的。

　　图 1-5 是导入阿米巴经营的某个企业的组织架构图。从图 1-5 中我们可以看出，制造本部由部、课、系三个层面构成，而最底层的系，就是阿米巴。在这个企业里，将每个课下面的阿米巴的月度结算表统合起来就是课的结算表，同样，将每个课的结算表统合起来就是部门结算表。依此类推，将制造本部、销售本部，以及其他公司总部部门的结算表统合起来，就能生成整个公司的月度结算表（准确地说，由于结算表里面并没有算入人工费，所以要从结算表上的差额收益中扣除人工费之后，得到的才是财务会计上的税前利润）。

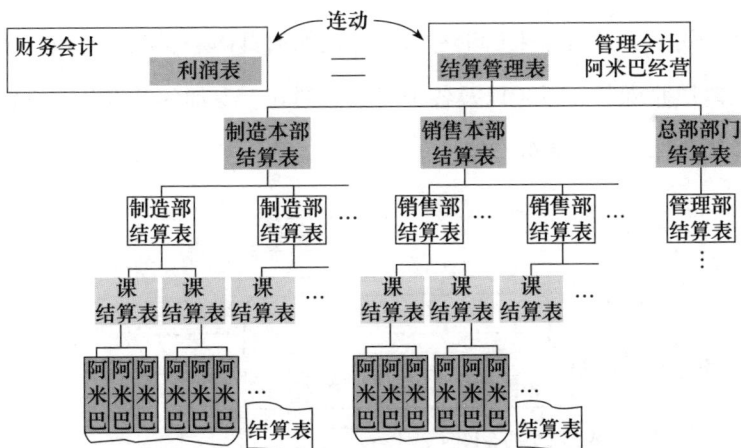

图 1-5　结算管理表与财务会计的关系

　　有了这个体系，企业的经营层也好，事业部长也好，阿米巴的领导者也好，大家都可以围绕结算管理表来开展各自的经营管理工作。也就是说，对于企业经营层来讲最重要的利润目标的达成，自然而然地就成为每个阿米巴领导者最重要的目标。所以，企业的经营会议就能够围绕这些结算管理表为中心来进行。

阿米巴经营的经营会议，如图1-6所示，在四个层面上展开（阶层设置根据企业规模的不同而不同）。经营会议是公司总经理和部门经理级别的高管们为中心召集的、以数据报告等形式进行的、把握企业经营现状、预测企业发展前景的会议。第一阶层是事业本部内部召开的会议。在这个会议上，生产和销售共同讨论业绩报告，共享面临的课题，以及商讨对策等。第二阶层是各个本部内部的会议。在这个会议上，经理级别，有时候课长级别的人也可以参加进来。第三阶层的会议由各个经理和课长参加、围绕公司的方针战略来讨论本部门应该如何具体去实施和对应。第四阶层是课长、系长以及各个阿米巴领导者参加的、将公司方针政策具体落实到底的会议。

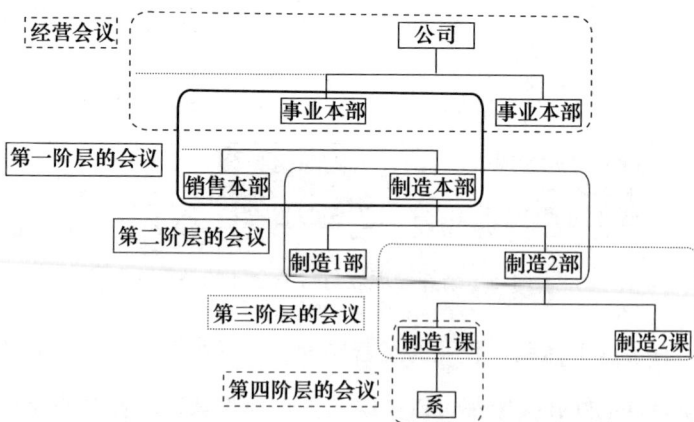

图1-6　阿米巴经营的会议体系

这样，通过各个阶层的会议，公司全体从上到下都能共享公司的经营信息。而这里最关键的，就是每个阶层的会议都是以'利润'为中心展开讨论的经营会议。而这其实也正是自创立以来，京瓷公司在激荡变化的环境中，仍然能够实现"不出现一次赤字"这样的经营神话的原动力。

论语和算盘必须一致

制造同样的产品，有的公司在赚钱，有的公司却在亏钱。这两种公司的差距在什么地方呢？

我认为这里的差距是人的差距。在阿米巴经营之中也一样，从长远的角度来看，阿米巴领导者的差距，就会看得非常明显。凝聚力强的团队，不听指挥一盘散沙的团队，两者之间的绩效可谓是天壤之别。因此在导入阿米巴经营的时候，就必须对这些即将成为阿米巴领导者的人进行包含领导力培训在内的理念（经营哲学）教育：应该如何做人、如何做才会有人追随等。从我的经验来看，只要把经营者和员工的做人能力提高了，再营造出绝不输给其他公司的状态，就能增强企业的竞争力，也就能实现企业长期安定的经营。

企业的运营和发展需要经营哲学和理念，这早已被很多名人提倡。比如说早在江户时代，著名的农政家二宫尊德先生曾经说过："忘记道德的经济是罪恶，忘记经济的道德则是梦话。"可谓一语道出了经济与道德之间的紧密联系。而著名的实业家涩泽荣一更是明确地指出："论语和算盘必须保持一致。"这里所说的"论语"，指的是"自律，做人的基准"，而"算盘"，则指的是"做生意必须具备的知识和技能"。两者无论缺少哪一个，事业都不能顺利地开展下去。

京瓷集团的经营理念是"在追求全体员工物质与精神两方面幸福的同时，为人类社会的进步和发展做出自己的贡献"。在我刚进入京瓷公司，第一次认识到这条经营理念时，对于前半部分的"物质和精神两方面的幸福"我没有异议，但对"社会贡献"这个词却一直没有很好的领悟。记得当时的系长、我的上司跟我说："只要我们尽可能地多赚钱，创造出更多的利润来，那我们就能多向国家交税，这就是对社会的一种贡献"。这虽然是一种比较通俗的解释，但对当时的我来讲消化它的确花了一些时间。

无论怎样，在京瓷，这条经营理念的实现，是经营者和全体员工的奋斗目标，而支持我们实现这个奋斗目标的经营体系，就是阿米巴经营。

经营哲学和阿米巴经营，可以说是车的两个轮子，两者结合起来才能发挥出巨大的威力，一个也不能少。关于经营哲学如何进行教育，在后文中会有详细的介绍。

在我担任京瓷沟通系统（KCCS）社长的时候，我曾经对一个阿米巴的领导者说过这样的话："赤字部门的人不要走在走廊的中央。"比如当时是这样的场景：

我："赤字部门的家伙不允许走在走廊的中央！"

阿米巴领导者："森田先生，不要说的这么大声嘛，怪吓人的。"

我："那你觉得你有资格走在走廊的中央吗？"

阿米巴领导者："现在我们阿米巴的确是处在非常时期，没办法，需要一个过渡期。"

我："好，那你说什么时候你们阿米巴能把单位时间附加价值做到 ×× 日元以上？"

阿米巴领导者："您老放心，到 ×× 月必定不让您失望！"

从我们上面的对话中可以看出，我不是严格地在追及他的责任，更不是在斥责他，而更像是在开玩笑，但那个阿米巴领导者也知道公司每个人都在关注着他们的成果，所以会端正态度、积极地去实现自己阿米巴的经营目标。这就好比田径运动员，他们所花的时间是在被记录和关注着的，所以他们会拼命。

自己做出的利润每个月都通过数字展示出来，人自然而然地就会想方设法将这个数字做得更好，这也许是人的天性。这里最重要的是要求数字必须是正确的，而且是即时就可以得到的。如果数字错误百出，或者需要花很长时间才能得到，那估计谁也不会有将这个数字做得更好的欲望。

一一对应，双重核查

为了做到这一点，就必须健全和理顺公司内部的会计处理规则。因为要用这样的规则来测量员工们的工作成果，所以规则必须公平公正且有高度广泛的认同性。如果数字没有认同性，那估计越来越多的员工会有"为什么感觉我整天被这些数字玩得团团转"这种感觉，从而会丧失工作的热情和积极性。

比如说发货的规则，20世纪70年代我在京瓷负责经营管理的时候，每当到了月末的最后一天，从生产车间过来的装满货物的台车从一大早开始就会在仓库门口排成一条长龙。

经营管理部门负责把每个阿米巴的生产总额、差额收益、单位时间附加价值等的实际数字都在那一天收集起来，并到第二天早晨之前必须将最终数字结果通知到每个阿米巴。同时，它们也负责阿米巴经营游戏规则的制定，以及检查这些数字是不是真正按照规则计算出来的。从这个角度上来说，经营管理部门是阿米巴经营能否正常运营的关键部门。

生产制造部门只有把产品交付到经营管理部门管辖的仓库里，那些产品才真正被算进生产总额里面。所以每月最后一天的中午之前，如果不把产品放入仓库，即便是生产得再多，没放进去的就不算数。每个部门都为当月是否能完成目标而积极努力，肯定也会有不少部门希望最好能将时间延迟吧。但如果在这里容忍了例外，那这些规则将不再被人们重视，最终将变成毫无约束力的摆设。所以只要是关闭仓库门的时间到了，不管仓库外面是否还有产品，京瓷都会毫不犹豫地把仓库门关上。

对京瓷来讲，月末的那一天是非常特别的日子。一个月的目标，在大家的共同努力下是否完成了？每个人都在关注。随着仓库关门时刻的到来，结果最终如何将有定论。所以，只要关门时间还没有到，大家都会为了达成目标而尽自己最大的努力。在现场的员工那里，也完全没有"被强迫达成目标"这种感觉，因为员工们都理解"达成目标是我们自己的工作"，甚至有一些员工以一种游戏心态在不断地挑战着自我，力争将自己的成绩做得更完美。

而且，最终数字出来的时候，如果这个月是黑字，按照计划完成任务了，那大家这个时候的表情是非常爽朗兴奋的。在日航的重建过程中，我也感觉到了这一点，就是当数字变成黑字，大家心情都会变好，也都变得生龙活虎。这其实也主要是员工自身和他们家族的生活都跟公司的经营业绩息息相关，公司的业绩好了，他们也就能安心工作了。阿米巴经营有一个好处，就是能让员工在第一时间知道公司的业绩到底是怎样的。

另外，经营管理部门还有一项检查各个阿米巴营业额和费用等的功能。每个阿米巴所填写的收支票据，其内容是否妥当，都要由经营管理部门进行检查和确认。因为对于阿米巴经营来说，每个阿米巴的收支记录是否正确，是阿米巴经营的生命线。比如明明没有生产出货品，而只把票据填了并计入收入，这就是为了将数字做得好看而进行的舞弊行为，阿米巴经营绝对不允许有这样的事情发生。进行检查并不是说不相信员工，尽可能地将发生此种事情的可能性降低为零，也能让所有员工都可以安心地工作。

为了达到此种效果，就必须坚持下面的两个主要原则，即"一一对应原则"和"双重核查原则"。经营管理部门与财务部门一起对货物、金钱和票据进行一对一的核实，检查它们是不是货票一致。货物移动的时候，票据也必须同时伴随。同样，在购入物品的时候，也必须有购买票据同时入账。这是财务和会计最基本的要求，而且也只有彻底地做到了一一对应的原则，错误的财务处理才会从根本上消除。所以"一一对应原则"和"双重核查原则"是阿米巴正确运营不可或缺的两大原则。

创业第三年遇到难关

实际上，稻盛和夫先生之所以能够构建出让所有员工都能参与企业经营的这种经营手法，其发端是京瓷公司创建不久之后发生的一件大事。

稻盛先生当年大学毕业之后，作为一名技术人员就职于京都的一家材料生产企业。由于率先认识到陶瓷这种材料可以作为电子零部件的素材来使用，年轻的他废寝忘食地投入用陶瓷作为素材来制作电视机零部件的研发当中，并最终取得了成功。新产品的研发成功能够为公司带来大量订单，但令人遗憾的是，当时公司内部劳动纠纷频发，生产制造并不能顺利进行，再加上稻盛先生的辛苦并没有得到上司的理解和支持，心灰意冷的稻盛先生最终不得不辞掉工作离开了公司。

然而以前的老上司和几位同事并没有让这位才华横溢的年轻人单独离开。"克服了千辛万苦好不容易研发出的技术，就这样放弃也太可惜了"。老上司的积极奔走为稻盛先生筹集到了必要的资金，几位与稻盛先生同时辞职的同事也聚集到了稻盛的周围，终于，在1959年，京都陶瓷株式会社（京瓷株式会社的前身）诞生了。当时公司创立的目的只有一个，那就是"看看稻盛的技术到底能不能成功"。

　　工作上相互帮助、相互支持，公司内部生机勃勃，只有 28 个人的一家小公司，像一艘新下水的小船，开始了驶向大海的航程。然而，创业第三年的时候却发生了一件重大的事情：刚刚高中毕业的新员工们在公司工作一年多之后，对公司提出了加薪和增发奖金等各种各样的要求。

　　当时的稻盛先生感到非常苦恼。成立没多久的一家小小的公司，前途未卜，根本无法向员工们承诺些什么。等公司的规模扩大了，公司的销售额提高了，员工的待遇水平自然也就能得到提高；但现在在新员工的心里，却已形成了"经营者与劳动者"这种对立关系的认识，他们根本不去尝试理解经营者的苦衷。当时的稻盛先生，对于这些新员工的"不理解"，着实地苦恼了一番。

　　没有其他办法，稻盛先生只有不断地对这些新员工进行说服教育："只要我们大家齐心协力、共同努力，我们一定会发展成为能够支付你们希望得到的工资水平的公司，相信我。""如果我的这些话没能实现，你们可以杀了我。"花了大量的时间和心血，最后终于勉强地得到了他们的认同，但也正是由于这件事情的发生，让稻盛先生认识到：如果员工不能与经营者一样去思考和参与公司的经营，企业经营必定是无法做好的。

　　那么，怎样做才能让员工也能像经营者一样工作呢？稻盛先生想了很久。最终，他想出的办法是将企业经营的真实情况全都对员工开放，将企业的经营状况透明化，作为员工工资来源的利润到底有多少，自己到底为企业利润的实现贡献了多少，把这些信息都让员工知道，那么员工就能用近似于经营者的感觉来从事自己的工作了。

实现全员经营的单位时间核算

把企业的经营状况对所有员工公开，并不是说把企业的决算书和报表等展示给员工看这么简单。决算书和报表里面记载的都是公司整体的经营数据，员工即便看了那些数据，也无从知道自己为企业的利润作出了多少贡献。同样，假如公司出现赤字亏损的话，员工看了也未必会觉得那与自己有多大关系。

而且，要读懂决算书和报表里的信息，需要有一定的财务会计知识。一般员工基本上不能从那里简单地读出什么信息。而且从收集数据到做出财务报表，也需要不短的一段时间。即便能拿到一年一次或者半年一次出具的财务报表，实际上，那上面的数据已经是过去式了，在我们做事业战略决策，或者进行业务改善的时候，其实并没有什么意义。

经过了长时间的思考，稻盛先生想到了让每个部门填一张类似于家庭收支表的"结算表"。如果是家庭收支表，那谁都能看懂，而且即便是没有会计财务的专业知识，也能非常容易地填写这张表。

说是类似于家庭收支表，其实结算表和家庭收支表的格式基本上是一样的（见图1-7）。家庭收支表里面通常有收入、支出、

剩余这三大项目，而收入和支出又分别有明细。收入的明细有
"工资收入"、"其他收入"，支出的明细有"餐饮费"、"衣帽费"、"水
费、电费、煤气费"、"教育费"、"医疗费"、"娱乐费"、"保险费"、
"税金""还贷款"等。

阿米巴结算表	预定值	实际值	差额
总销售($b+c$)			
对外销售(b)			
内部销售(c)			
内部购买(d)	▲	▲	
总生产($a=b+c-d$) 合计	日元	日元	日元
经费(e)　　合计	日元	日元	日元
原材料费用			
外包加工费			
电费			
……			
……			
……			
利息·折旧费用			
内部共通经费			
工厂经费			
总公司经费			
销售手续费			
差额收益($f=a-e$) 合计	日元	日元	日元
总劳动时间(g)	小时	小时	小时
规定劳动时间			
加班时间			
部门内部共通时间			
每月单位时间附加价值(f/g)	日元	日元	日元
单位时间生产量(a/g)			

一般的家庭收支表	月日
工资收入	
打零工收入	
利息收入	
其他收入	
总收入　合计	日元
总支出　合计	日元
饮食开销	
衣帽开销	
电费、水费、煤气费	
生活用品费用	
住宅用品费用	
教育费	
娱乐费用	
医疗费用	
保险费用	
纳税	
存款	
偿还贷款	
其他支出	
剩余现金额度合计	日元

图 1-7　生产制造阿米巴的结算表和家庭收支表（再次贴附）

阿米巴经营中使用的结算表，也基本上是这个样子（见图1-8）。让我们一起看一下制造部门阿米巴的结算表。家庭收支表的收入部分，就是结算表的"总生产"，支出部分就是结算表的"经费"，剩余部分就是结算表的"差额收益"。

	预定值	实际值	差额
订单额			
销售额(b)			
总收益(a=b×10%) 合计	日元	日元	日元
经费(c) 合计	日元	日元	日元
促销费用			
出差交通费			
广告宣传费			
销售手续费			
电费			
……			
……			
办公室租借费			
总公司经费			
差额收益(d=a-c) 合计	日元	日元	日元
总劳动时间(e=f+g+h)	小时	小时	小时
规定劳动时间(f)			
加班时间(g)			
部门内部共通时间(h)			
当月的单位时间附加价值(d/e)	日元	日元	日元
人平均销售额(b/i)			
人员(i)			

图1-8　销售阿米巴的结算表的例子

实行阿米巴经营的目的是"让所有员工都参与企业经营"。经营，不只是经营者的责任，每个员工也需要管理好自己的收支，并对自己的利润负责。为此，就需要把企业组织尽量地划分成多个小的组织，并在每个小组织中安排一个人当领导，就像经营一家小公司一样来经营这个小组织。这样，企业就是一个由许许多多小公司组成的集合体。这就是阿米巴经营构想的起始点。但实际上，我们不能真正地去成立一些小公司。要成立公司法人，就需要在每个公司法人里面设置许多管理部门，这就会产生一些浪费。所以说，阿米巴经营并不是真的去成立很多小公司，而是制造这样一个概念，而能够将这个概念落地的，就是使用了这张结算表的部门结算制度。

每个阿米巴的领导者，利用结算表来管理收入和支出，一边管理经费，一边要看到月底能做出多少利润，并时刻关注这个利润与月初设定的计划（这个计划在阿米巴经营中被叫作"预定"）之间相差多少。每个阿米巴成员，也都要相互协助、集思广益，争取做到在降低费用的同时，努力提高收入。而这种做法在理论上，跟每家每户根据家庭收支表来经营自己的家庭收支是相通的。

在阿米巴经营里，要求员工也像经营者一样来考虑阿米巴的收支，考虑自己的工作。但实际上，大多数员工都没有真正学习过经营。想要让一没知识、二没经验的员工参与企业经营，就需要将经营变得简单易懂。"只要能填写家庭收支表，你就能从事企业经营"，阿米巴经营做到了这一点。为了让阿米巴的绩效变得一目了然，阿米巴经营里采取了"单位时间附加价值"这个指标。在前文中也已经解释过，单位时间附加价值是用差额收益除以总劳动时间算出来的，所以即便是阿米巴的规模大小不一，其收益性也能够简单地进行比较。

而且，单位时间附加价值在提高工作效率的时候是一个重要的指标。比如，某个阿米巴做出 100 的利润原来需要 100 个小时，经过大家的集思广益和共同努力，现在只需要 50 个小时，那么他们的单位时间附加价值就变成了原来的两倍。如果再用节省下来的 50 个小时做出 100 的利润，那么利润就可以达到 200。也就是说，通过单位时间附加价值这个指标，我们可以看出阿米巴的剩余产能是多少、经营效率怎样等。可以说，单位时间附加价值是刺激阿米巴进行创新、提高效率的重要指标。

京瓷公司在创业第六年的时候，在制造部门导入了部门结算制度。在当时的京瓷，生产现场按照工序进行细分，分成多个 5～10 人的小集团（阿米巴），并在各个阿米巴之间设立了"企业内部交易机制"。由此，每个阿米巴成为可以单独进行"买"和"卖"的小公司，阿米巴的领导者也就成了小公司的社长，努力追求阿米巴的利益最大化。

当时，京瓷将生产现场的课长和系长任命为阿米巴的领导者，并给他们做了结算表的读法、单位时间附加价值的算法等培训。做这些工作，为的是让每个员工都能知道自己怎样工作会为公司带来多大的利润，怎样做才能增大作为自己工资来源的附加价值等。

在生产制造部门建成了这个机制之后，京瓷又在销售部门导入了阿米巴经营。销售部门从客户那里获得订单，再给生产制造部门发出订单，在将产品交付给客户之后，从生产制造部门的阿米巴那里按销售额的一定比例（一般是 5%～10%）取得提成。也就是说，产品的生产总额计入生产制造部门的核算，销售部门将产品卖掉的时候按照销售额的大小来向生产制造部门收取一定比例的手续费。

受到世界瞩目的阿米巴经营

活用了阿米巴经营的京瓷，从一个小作坊发展成为一个大企业，又从一个大企业成长成为一个世界级企业，取得了巨大的成就。于是，我们受到了来自全世界的关注，接到了很多关于阿米巴经营的咨询。但在那个时候，稻盛先生都以"那是不能向外传授的东西"为理由拒绝了。因为当时他有这样的想法："企业经营，与企业经营者所持有的人生哲学和理念等密切相关。经营者的胸怀广阔，企业自然而然地就会向前发展，所以没有必要去谈阿米巴经营。"

阿米巴经营，曾经是京瓷足不出户的经营手法。

然而，到了 1986 年，稻盛先生的这个方针发生了变化。当时我正担任京瓷的经营管理本部的副本部长，负责经营管理部的管理，也管辖信息系统事业，并正考虑在京瓷内部成立新的事业。因为在当时的京瓷，单单靠信息系统这一方面是做不成很大的事业的，所以当时我考虑如果能将信息系统事业与传授阿米巴经营的咨询事业结合起来，也许会更加合理。于是我找到稻盛先生，希望能够说服他："有很多企业希望我们能够教他们如何操作阿米巴经营。现在的京瓷，已经是销售额规模达到 3000 亿日元的企业了，经营基础很强大也很稳健，即便是他们模仿我们的经营手法，京瓷肯定也不会受到任何威胁。我们在收购 Yashika 和 Saibanet 工业的时候，我们的阿米巴经营都发挥出了巨大的威力。现在，我想是时候让阿米巴经营为世界做出更多贡献的时候了。请您一定赞同并支持我。"话刚说完，稻盛先生竟然答应了我："你偶尔说的话也挺有道理啊，好，这个事情就交给你来做吧。"现在，京瓷信息系统株式会社的子公司 KCCS 管理咨询株式会社在具体从事阿米巴经营的咨询服务业务，不仅对制造业，从批发零售业、建筑业到医院、护理行业等，向各行各业的企业提供着我们的咨询服务，其中大部分都是中小企业。迄今为止，我们服务过的企业数量已经达到了 520 家（到 2014 年 4 月为止，见图 1-9）。

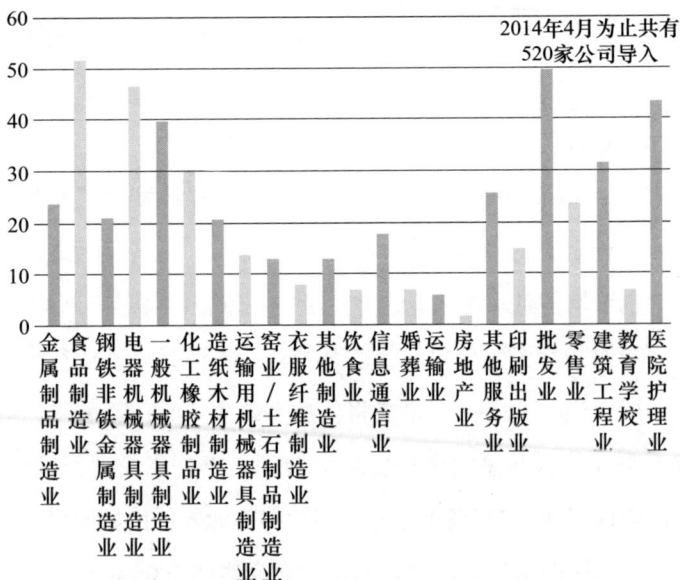

图 1-9　按行业看导入阿米巴经营的企业数量

在导入阿米巴经营的企业中，规模最大的企业是日本航空（JAL）。

2010 年，作为日航重建的最高责任人，稻盛先生受到了世人的瞩目。实际上，在 2009 年年底的时候，稻盛先生就接到了来自日本政府和企业再生支援机构的邀请，希望他能够出山重建日航。

稻盛先生找到我，说："我去重建日航，也只能做我迄今为止实践的内容，也就是经营哲学和阿米巴经营。你会跟我一起去吗？"那时，据说企业再生支援机构已经接到了很多来自世界知名超一流咨询公司的毛遂自荐，都希望能参与重建日航。包括世界上最先进的经营手法在内的众多选项中，企业再生支援机构最终选择了稻盛先生，也就是选择了阿米巴经营。

关于日航的重建，我在第 2 章中会详细介绍。在当时虽然也有"重建会失败，日航会陷入第二次破产"这样的声音，但在稻盛先生的经营改革下，在日航员工们的浴血奋战下，在相关企业的大力帮助下，在全国人民的大力支持下，日航实现了凤凰涅槃，变成了一个高收益的企业。从每个员工的工作态度到企业的文化，都有了翻天覆地的变化。不只是企业经营者们，全国人民也都注意到了日航的改变，而且成功实现日航重建的经营哲学和阿米巴经营也受到了前所未有的关注。

日航的成功重建不只是在国内，在海外也引起了广泛的关注。其中，来自中国企业的咨询数量更是突飞猛进。

个人观点认为，这 10 年中国经济实现了高速腾飞，美国式的利润第一主义和成果主义等在企业经营中受到追捧，企业也取得了一时的成功。但随着发展势头的减弱，企业组织内的一些弊病开始出现，人才流失严重，销售额的增长速度也开始出现钝化等，感觉到发展瓶颈的企业正在逐年增多。如何才能实现企业持续的成长？正在企业家们困惑不已的时候，阿米巴经营给他们带来了希望。

在日本国内，有一个可以直接跟稻盛先生学习经营手法的经营学习会，叫作"盛和塾"，那里的学员人数已经接近9000人，实际上，在中国的盛和塾也有很多学员。以他们为中心，2012年，我们在中国召开了一次阿米巴经营学习会，结果在当地引起了强烈反响，许许多多的中小企业经营者前来咨询，目前已经有7家公司导入了阿米巴经营。在第5章，我会集中介绍一下阿米巴经营在海外企业中的扩展。

导入阿米巴经营的好处

实行阿米巴经营最大的好处，应该是公司的任何信息都可以用数字来把握。这对于企业经营者来讲，应该是他们最高兴的事情了。另外，对公司的管理者来讲，他们自己的工作成绩可以马上就能知晓。工作价值判断的中心是利润，自己创造了这么多利润，或者造成了这么多损失，这在导入阿米巴经营之前是不可能马上知道的。而现在能马上知晓，成绩好的时候则兴奋，成绩差的时候则难过。但是，阿米巴成员一起努力想方设法地实现结算结果改善的时候，那种兴奋和喜悦也是非常不一般的。

在身边就有具体的结算目标，而且结果也能够随时知晓的话，估计不论是谁都会有动力和干劲。在一般企业的制造部门，基本上都会有"一天生产 × 个""将不良品率保持在 ×% 以下""将成本降低 ×%"这样的目标。然而即便是这些目标都实现了，自己对公司的利润到底贡献了多少，也是不明确的。而在阿米巴经营，却能清楚地知道"我们创造了 × 万日元的利润"。实际上这种"知道"才是至关重要的。

导入阿米巴经营之后，员工们就会像是在玩游戏一样为了达成目标而努力。到了月末结算一出来，当月是否完成了结算目标，也就是说，是赢是输，清清楚楚。体育比赛也是这样，正是因为能明确地区分胜负，才能使人们更加感兴趣，这是一种心理学上的效应。

而且导入阿米巴经营之后，员工之间的交流沟通也会变得活跃。同一个阿米巴内部的交流当然会增多，而由于提高绩效需要与其他阿米巴合作，因此阿米巴成员间的交流也会活跃和紧密起来，而且还能为企业培养更多拥有经营感觉的人才。

在阿米巴经营，利润的确保是最重要、最优先的课题。各个阿米巴的领导者总是会思考如何才能提高利润。由于生产量提高了，可以增加利润，因此他们会积极地去催促销售部门到客户那里多拿订单；订单的单价如果降下来了，那他们就想方设法提高生产效率；为了降低原材料成本，他们会积极地与采购部门交涉；总之，为了提高利润，他们尝试一切可以尝试的办法。因此，阿米巴的领导者就是企业经营者。

在通常的制造企业里，产品质量的确保和生产效率的提高可能会放权到现场，但很少有企业会将原材料费用和订单价格相关的话语权交给现场。阿米巴的领导者负有提高结算的使命，因此他们的活动范围也就变得很广，这也能提高他们的领导力水平。

在演讲的时候，我也经常会这样说：在一般的企业里，刚刚就任部长的人，如果被告知"从今天开始你要对部门的利润负责"的话，估计大部分人都会很困惑。但在阿米巴经营里，系长甚至主管级别的人都被要求对利润负责，以完成部门的目标为己任。

我对成为阿米巴领导者的人总是说这样的话："首先，让你的部下们幸福。"然后就是："一定要让部下拥有梦想，这很重要。"有时候有人会反问："我都没有梦想，怎样才能让部下有梦想？"这个时候我就会回答："你不要考虑得太复杂。比如，这个月你们的销售额是 2000 万日元，那你可以跟大家说半年后我们一定要实现 2500 万日元，然后朝着 3000 万日元迈进。这样说就可以了。"

有些非常认真的领导者也会继续追问："连如何实现 2500 万或者 3000 万我都不知道，那样说能行吗？如果知道该怎么做的话，早就去努力了。"

"哎呀，你就这么说就行了，梦想嘛。具体怎么去实现，大家一起想办法不就可以了嘛。比起没有梦想的领导，大家肯定会认为你是个非常幽默乐观的人。大家肯定喜欢跟有梦想的领导一起工作。"

不满足于现状，设定更加高远的目标，这是领导者必须拥有的资质。这跟体育也是一样，如果有人觉得自己的最高纪录差不多就这样了，估计从那个瞬间开始，他的竞争对手们就会开始快速地超过他。企业也一样，经营者们总是会有一种担心，就怕竞争对手制造出比自己价格更低而质量更好的产品，不断地夺取自己的市场份额。也正因为如此，企业的领导者才能总是想方设法让自己走在竞争对手的前面，不满足于现状，努力攀登更高的目标。

　　结算部门是阿米巴组织化的对象。阿米巴是由 5 ~ 10 人组成的小集团，制造部门一般按照产品种类或工序来划分。非结算部门的经费由各个阿米巴共同承担。

导入阿米巴经营的最基本的思考方法

　　下面解释一下企业在导入阿米巴经营时需要的最基本的思考方法。

　　阿米巴经营，是从将企业组织划分成由 5 ~ 10 人组成的小集团（阿米巴）开始的，这个划分工作却是至关重要。稻盛先生曾经说过："怎样去设定阿米巴组织，这是导入阿米巴经营的开始，也是导入阿米巴经营的结束。"

　　在导入阿米巴经营的时候，需要首先将企业的组织分成两类：能够创造出利润的结算部门，以间接部门为主的只能作为成本中心的非结算部门。阿米巴组织主要是在结算部门内部进行设置。非结算部门的经费和成本，会在结算部门的阿米巴之间进行分摊。

　　图 1-10 是一个制造业企业的阿米巴组织概念图。从图中我们可以看出，阿米巴是在与利润直接相关的结算部门，也就是销售部门和制造部门之中建立的。在设置阿米巴的时候，其划分需要满足以下三个基本条件。

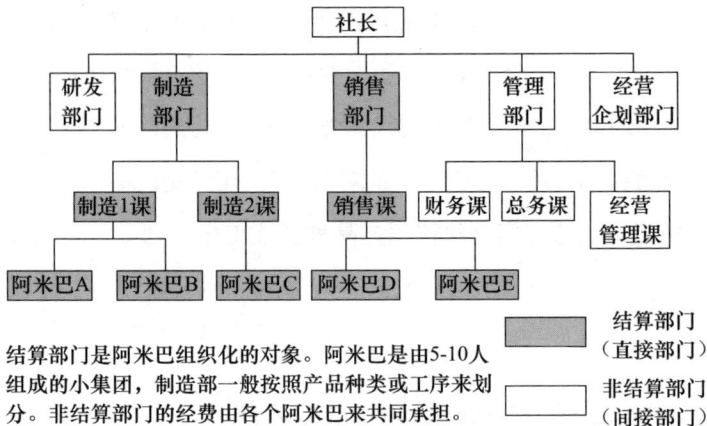

结算部门是阿米巴组织化的对象。阿米巴是由5-10人组成的小集团，制造部一般按照产品种类或工序来划分。非结算部门的经费由各个阿米巴来共同承担。

▨	结算部门（直接部门）
☐	非结算部门（间接部门）

图 1-10　阿米巴组织的概念图

（1）为了让独立分割出来的阿米巴能够独立结算，必须"能够明确收入，并且也能够算出为了取得这些收入而支出的费用"。阿米巴经营的一个主干部分是"部门独立核算"。如果没有收入，那么进行独立核算的话，组织将不能正常运营。所以在划分组织的时候，有没有收入则是关键点。

（2）"作为最小单位的阿米巴，必须是一个能够完整地进行交易的单位"。

（3）"在分割的时候必须注意公司整体的目标和方针能够得到贯彻执行"。

制造业企业一般是按照产品种类或不同工序来设定阿米巴的。因为是以阿米巴为单位进行收入和支出核算，如果分得过于细致，管理就会变得烦琐；而如果分得过于粗糙，单位过大，则又不能明确地把握收支。所以在构建阿米巴的时候，这种判断非常重要。

如果导入之前的组织状态不能满足刚才这三个条件，那么有时会根据需要以导入阿米巴为契机来进行企业的组织构架改革。在第 2 章中将介绍的日航就是一个典型的例子。

让阿米巴对"收入"和"支出"负责

导入在阿米巴经营，如何看待收入，这是个要点。通常，在制造业企业，将产品销售给客户之后，销售收入是作为销售部门的业绩来记录的。但是这样做的话，制造部门也就只能是个成本中心。

实际上，制造业企业的生产制造部门是一个只要努力就能做出很多利润的宝库。如果能让生产制造部门拥有结算意识，那么就会有许许多多全新的创意被发掘出来，公司的业绩也就能得到很大的改善。生产制造部门每天都为了提高生产效率和降低成本而努力，而销售部门也为了不让生产制造部门的努力白白浪费而努力获取新的订单。

阿米巴经营之所以能够做到这一点，主要是因为阿米巴的生产现场是紧密地伴随着市场价格的波动而运作的。首先，市场价格出来之后，为了按照这个市场价格或者比这个市场价格更低的价格做出产品，生产制造部门与销售部门紧密联系、相互出谋划策。而如果市场价格持续下降，为了确保利润，则加大力度强化降低成本，进一步提高产能，实在不能保证利润的话，当然也会考虑从此产品的竞争中退出。即便是一流的大企业，有时候也不能及时发现某种产品实际上已经是赤字产品，由于没有发现而进行持续生产，结果到期末的时候终于发现问题所在，却为时已晚，形成了巨大的赤字。这种情况在阿米巴经营里面是不可能发生的。

由于生产现场是伴随市场价格的波动来运作的，因此阿米巴的生产现场是需要对利润负责的。一般来讲，将生产制造部门设定为成本中心，将销售部门设定为利润中心的企业有很多。在这样的企业里，对利润负责的只有销售部门，而生产制造部门则只需要在设定的目标成本范围内制造出产品。但市场价格是多变的，而一旦设定好的目标成本却不太容易随着市场价格的变动而改变，因此在当今市场价格多变，而且波动幅度比较大的今天，这样的企业就很难确保其利润。我们的想法，就是生产制造部门应该紧密观察市场价格的变动，并为了保证利润及时地灵活地做出相应的调整。

因此，在阿米巴经营里面，成本计算也是由生产制造的阿米巴来进行的。在一般的制造企业里，距离市场很远的财务部门按照往年的成本信息来计算出成本，并设定一个降低×%来作为目标成本，交给生产制造部门执行。销售部门则在这个目标成本的基础上乘上利润率，作为销售价格来销售产品。实际上，这样的成本计算方法早已经不能适合当今的时代，生产制造部门不能针对市场价格的变化及时地做出调整。所以一些企业的某些产品，本来是盈利的，但由于市场价格突然下跌而突然变成了赤字产品，而企业自身却因没有及时察觉而持续地进行生产，导致赤字规模越来越大。

产品的价格实际上是由顾客决定的。顾客不接受价格，一切都是空谈。而且本来价格就不是累加出来的成本乘上利润率而算出来的。顾客肯出钱购买的价格就是市场价格，而厂家必须以此市场价格为前提，来考虑怎样进行生产制造才能保证利润。

还有就是一般在企业里，销售价格和利润管理等，只是销售部门一小部分人在考虑。实际上，企业提供产品和服务能获得的利润额，往往受到销售价格的左右。如何定价，这的确是决定公司业绩的重大事项，因此并不能因为销售部门说一句"卖不掉，需要降价"就能把价格降下来。稻盛先生曾经说过这样一句话："决定价格的时候，需要找到一个点。这个点，顾客高兴，厂家也高兴。"这个点具体在什么地方，这实际上需要经营者找出来。经营者需要听取生产制造部门和销售部门的意见，并定出这个价格。这就是稻盛先生所说的"定价为经营之本"的含义。

当今时代，市场价格变化多端难以捉摸。怎样才能迅速地对应这些市场价格的变化，正是企业立于不败之地的关键。我们经常听到有企业家说"生产制造部门和销售部门的关系不好"这样的话，但在阿米巴经营，由于销售部门和生产制造部门的命运是连在一起的，因此他们之间的关系非常融洽。

公司内部交易价格根据市场价格决定

前面已经介绍过，阿米巴之间产品的移动，是根据企业内部交易制度来进行处理的，然而这个时候的企业内部交易价格是如何决定的呢？

比如某个制造企业的生产现场有 ABC 三道工序。首先，前面工序的阿米巴 C 通过采购部门购进原材料，并对其进行第一道工序加工。加工成的半成品则卖给中间工序的阿米巴 B。阿米巴 B 从阿米巴 C 那边买进半成品，再进行一道加工，之后再卖给后面工序的阿米巴 A。最后，阿米巴 A 将产品加工成完成品，在规定的期限内交付到仓库。等将货物发给客户之后，交易就算完成了。企业内部交易价格的确定，则取决于阿米巴之间的交涉和谈判。

比如在像京瓷一样根据订单排产的企业，销售部门的阿米巴想从客户那里拿到 1000 万日元产品的订单。在对获得订单初有眉目的时候，销售部门的阿米巴则事先跟生产制造阿米巴 A 一起讨论预定的订单数量和价格，并由阿米巴 A 作出一张报价单交给客户。与此同时，在生产制造部门，以阿米巴 A 为中心，阿米巴 B 和阿米巴 C 三方通过谈判和沟通来决定内部交易价格。那时，阿米巴的领导者必须对能降低多少成本、提高多少产能、获得多少利润等有大概的了解。就从销售阿米巴从客户那里拿到订单的那一刻起，生产制造阿米巴的生产也就正式开始了。

当我们分别看一下每个阿米巴的收入的时候，首先，销售阿米巴对订单总额按照一定的比率收取销售手续费，假如这个比率是 5% 的话，那销售阿米巴的收入就是 50 万日元。再看生产制造，阿米巴 C 的生产总额是其对阿米巴 B 的内部交易总额，阿米巴 B 的生产总额是其对阿米巴 A 的内部交易总额，阿米巴 A 的生产总额是订单总额的 1000 万日元。实际上，那里面已经包含了支付给销售阿米巴的手续费。因此我们可以看出，企业内部交易价格也是根据市场价格来决定的，根据这个市场价格，阿米巴之间以各自的利益最大化为目标进行内部交易和买卖（见图 1-11 ）。

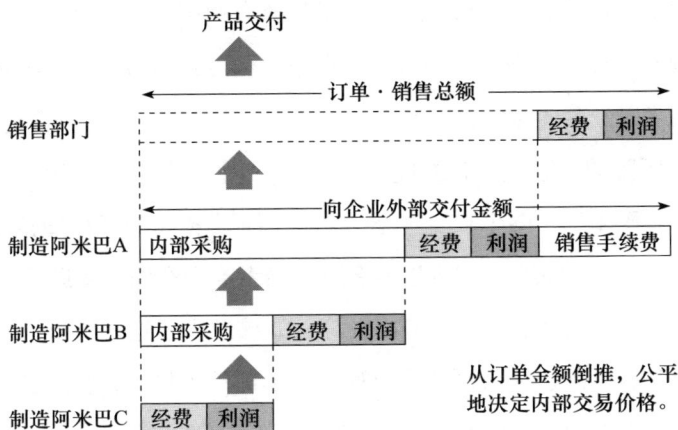

图 1-11　企业内部交易机制

服务业也适用公司内部交易

制造业企业的话，企业内部交易机制比较容易想象，服务业却没有制造业企业那样的进行产品生产的工序。所以在服务业企业说起内部交易，估计比较难理解。实际上，服务业企业也有结算部门，也是在各个部门的共同努力下才创造出销售额的。因此如果也把它看作一个交易过程，那在服务业也可以构建像制造业一样的内部交易机制。

让我们来看一个医疗机构的例子。实际上，在医院第一次导入阿米巴经营是在 8 年前。到如今已经有 30 多家医院导入了阿米巴经营，现在基本上每家都有不错的经营业绩。在日本，医疗费的价格作为医疗报酬，是由国家规定的。一般企业如果要进行内

稲盛和夫

部交易的话，需要决定内部交易价格，在医疗这个行业里，政府规定了从医疗行为到医疗材料价格的所有明细，因此可以说，在医院实行内部交易制度相对比较容易。这是我们第一次在医院导入阿米巴经营的时候认识到的。

医院的结算部门有内科、小儿科、外科等诊疗科，每一个都是一个阿米巴。图 1-12 是整容外科的例子。来了患者，整容外科就先把收入计入自己阿米巴的名下。患者当中有的需要进行 X 射线检查，有的可能需要 CT 检查等，如果发生了这些检查，那么整形外科阿米巴就必须向放射科等相关部门支付检查所需要的费用。这个费用的价格被称为"医院内合作对价"。对于各个诊疗科的阿米巴，医院内的其他部门都在支持着它们的运转，因此它们需要对这些部门支付相应的对价。

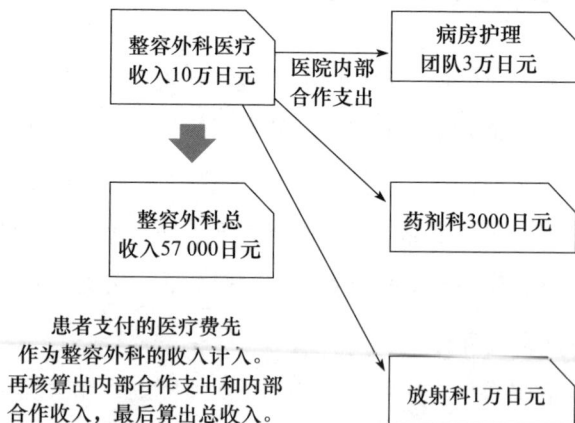

图 1-12　医院内部的合作对价机制

本来也是可以用"内部交易价格"这个名称的，但服务业里

038

面并没有真正的货品的移动，因此比起"买卖"和"交易"来讲，"合作对价"更容易理解一些。

在每个诊疗科，根据患者的具体情况，可能会需要医院内部其他诊疗科，或者护理部门、康复中心等部门提供医疗服务帮助，我们把这些帮助看作内部交易。

因此，在服务业，只要引入"合作对价"这个概念，我们就可以活用内部交易制度。在第 2 章我们要介绍的日航，也导入了合作对价这个概念。实际上，我们之所以能够在日航导入这个概念，是因为之前我们在医院里有了导入阿米巴经营的经验。

Master Plan 是必达目标

虽然各个阿米巴都是独立进行经营和核算的，但不是说经营成果是黑字有盈利就可以。每个部门、每个阿米巴都需要完成公司设定的年度目标，这个公司设定的年度目标被称为 Master Plan（基本计划）。

Master Plan 是经营者与各个部门的负责人，以及每个阿米巴的领导者一起参与制定的年度总目标。这个目标一般是根据上一年度的实际值和其他各种因素设定出来的，但其中也不乏被大幅提高、野心勃勃的目标值。经营者提出公司全体的发展方针"希望公司能够发展到这个水平"之后，各个部门负责人就开始根据经营者提出的方针，一边认真听取现场阿米巴领导者的意见和建议，一边在获得阿米巴领导者认同的前提下设定这个 Master Plan。最终，每个阿米巴的经营目标通过部门负责人和阿米巴领导者双方的沟通确定下来，进而确定公司全体的经营目标。Master Plan 里面最终确定的差额收益和单位时间附加价值，是公司全体在本年度必须完成的目标。

公司全体的 Master Plan 设定好之后，部门级别和现场阿米巴级别的目标值也就自然而然地被设定出来。对于阿米巴领导者来讲，阿米巴的目标值就是年度内的必达目标，领导者必须计划好一年的绩效方针和计划，每个月需要做到多少，并根据计划将结算表里面需要事先确定好的数据做好记录。这些数据则被称为"预定"。

拿家庭收支来讲，如果要购买一栋新住宅，就必须有计划地存钱。比如今后 5 年要攒出首付的 600 万日元，那么每年就需要存款 120 万日元。而每年如何做出 120 万日元的盈利，这个实施计划就是 Master Plan。120 万日元，换算到每个月的话就是 10 万日元，为了攒出 10 万日元，家庭成员（阿米巴的成员）就必须进行各种各样的努力，如减少下馆子消费、节省电费水费，或者是到外面打点零工等。

然而，日常的家庭生活有时候也会遇到一些突发事件，比如突然有亲朋好友红白喜事的开支，这就可能会导致实际支出超出"预定"的开支计划。这时，为了调整这些误差，就需要阿米巴的成员共同将"预定"和实际值进行比照，分析其中差异出现的原因，并讨论出填补这些差异的对策。

阿米巴经营的循环如图 1-13 所示。

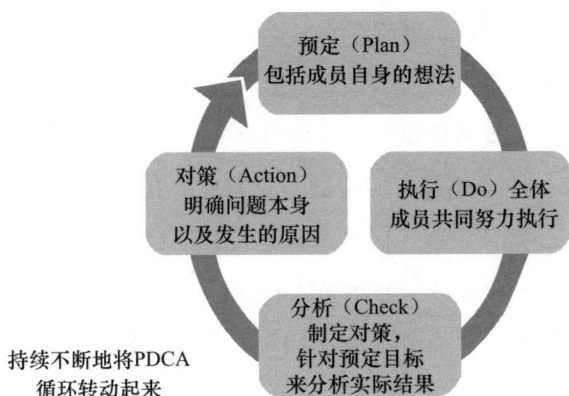

图 1-13　阿米巴经营的循环

开会不仅仅确认数字，也确认个人决心

如果用体育竞技打个比方，公司和每个阿米巴实际上可以看成每年参加 12 次比赛。每个月的月末判定胜负，下个月的月初，公司全体和每个阿米巴的实际成绩正式揭晓。实际成绩正式揭晓的会议，就是在每个月月初召开的绩效报告经营会议。这是总经理主持的公司级别最重要的会议之一。

通常，会议的参加者有总经理，各个高管，各个部门的经理等。为了参加这个会议，各个经理必须事先在各自的部门内部与各位经理和主任们确定上个月的收支状况、收支差异、原因分析，以及制定出改善对策等。

会议开始后，首先会要求各个经理汇报上个月的实际绩效，并发表当月的计划预定。如果每个部门都顺利达成了上个月的计划目标，那么会议会进行得非常顺利；如果有没有达成目标的部门，那么相关部门的经理需要具体解释其经营业绩未达标的原因和接下来的对策，并需要得到经营者的认可。实际上，经营者和高官们并不会很简单地就认可和同意部门经理的辩解。在京瓷公司，没有一般企业都在实行的预算制度。在 Master Plan 里面的确有年度经费预定额，而且金额是按照项目详细地制定出来的，但那仅仅是预定而已。如果无法通过提高销售额来填补目标值与实际值的差异，那削减经费开支便成了当然的选择。

一般企业里实行的预算制度，对我们而言是很难理解的。经费预算一旦确定下来，基本上都会被按照预算好的金额消费掉，达成经费消耗目标，而销售额和利润的目标却被认为是完不成也是没办法的目标。也就是说，经费的预算，成了部门开销的权利。而且，如果不将经费预算全都花完，来年的经费预算就有可能减少，因此就会出现虽然销售额的预定目标没达到，但预算的目标一定会全都花完的奇怪现象。实际上，企业这样的预算制度，正拖了企业绩效上升的后腿。在阿米巴经营里面，阿米巴领导者的第一目标，就是实现在 Master Plan 里确定的利润计划。

在我们为企业导入阿米巴经营的时候，由于企业的经营者不了解最初的导入会议应该如何来操作，所以一般是由我们来主导第一次的导入会议。对于经营者来讲，最大的工作和任务，就是对企业的所有员工宣讲自己达成经营目标、实现企业伟大愿景的梦想，激发出整个企业各个现场的士气和实现目标的紧张感。能将自己的梦想慷慨激昂地表达出来并让员工心醉的经营者，才是合格的经营者。接下来重要的工作，就是围绕实际绩效和工作目标计划进行提问。提问时，不能只是确认收支分析报告和对策是否已经准备妥当，还需要问出比如"你到底想怎样"这样的涉及部门经理或领导者自身意愿、梦想的问题。也就是说，通过提出"希望你们能用这样的思考方式来考虑问题"等这样的引导问题，让单纯的"报告"会上升到"表决心、鼓士气"大会的高度。这样，员工们就会感受到，不仅仅是将目标完成了就结束，"总经理的目标并不是仅此而已，而是在追求更高的目标。如果要实现那个更高的目标，为公司的发展做出贡献的话，下半年的单位时间附加价值就必须再增加××日元"。也就是说，能不能让出席会议的各级管理者和阿米巴领导者们有不满足于现状的意识和决心，这很关键。只要做到了这一点，经营者的意图和决心就能够通过各级部门负责人和阿米巴领导者而渗透到全体员工。

Master Plan 与一般企业"预算制度"的区别，如图 1-14 所示。

预算制度……以销售为中心的收入和全部门的经费计划。

预算确定的经费必定全都被花费掉，而销售额和利润的计划目标却不一定按照计划被完成。

Master Plan……全部门的收入、经费、利润的计划

图 1-14　Master Plan 与一般企业"预算制度"的区别

阿米巴领导者对提高销售额、实现利润负责。经费是为了确保利润而花费的东西，如果不能按计划完成利润目标，即便是 Master Plan 记载了有关费用项目，也不能执行。

阿米巴组织运营的心得

在阿米巴经营里面，各个阿米巴的销售额和经营利润，合计起来就是公司全体的销售额和经营利润。每天，阿米巴实时的收支状况会统计并展示出来，到了一个月的后半期，阿米巴领导者就能大概知道月初设定的目标值是否能够顺利完成。也就是说，阿米巴的领导者和成员都能随时随地地把握自己阿米巴的经营状况。如果目标达成并不是很顺利，那阿米巴的领导者就必须组织大家一起出谋划策，考虑增加利润的方法并执行。一般来讲，阿米巴的领导者都是现场的系长或现场主管级别的员工。增加利润的方法总结起来有三个：①增加销售额；②削减经费开支；③减少劳动时间（提高单位时间附加价值＝提高生产效率）。

每个阿米巴的领导者都会与其阿米巴成员一起从这三个方面进行努力和奋斗。经过这样的经验积累，公司可以培育出大量拥有经营意识的人才。

在阿米巴经营里面，即便 Master Plan 记载并确认了某些经费项目，也会有因为阿米巴的利润状况、事业环境的变化而不允许被执行的情况。因为那仅仅是预定，状况发生改变了，预定也要发生变化。

阿米巴虽然是一个小小的组织，但其领导者必须认真地、全身心地去经营它。能够支持这些现场的领导者成长为优秀的经营人才的，就是在京瓷集团长年孕育而成的京瓷经营哲学。其中最具有代表性的就是"稻盛经营十二条"和"六项精进"。

经营十二条根据重要性排序。第一条"明确事业的目的与意义"，在京瓷集团，就是要明确京瓷的经营理念"在追求全体员工物质和精神这两方面幸福的同时，为人类和社会的进步发展做出贡献"。

第五条"销售最大化、经费最小化"，在本书中已经提到了。销售额能够增长三成，但如果经费也同样增加的话，那最终就等于没有多赚钱。尤其是在一些企业里，经费的预算一旦决定了，就成了当事部门的权利而被坚决地消化，因此如果这个时候销售额不能按照预想增加，企业只能陷入赤字，这就是大部分企业容易犯的错误。

"销售最大化、经费最小化"，看似简单，实际上一语道出了企业经营的真谛。只要能够彻底地做到它、实现它，企业就会获得越来越多的利润。

第六条"定价即经营"也已经在前面提到过。定价的高低，直接关系到销量和利润率。如果在价格决定上犯了错误，那么经营将陷入困境。在阿米巴经营里，结算部门都是以市场价格为导向的，因此各个阿米巴的领导者都像是在头上装了价格天线，对于原材料的价格、以及加工外包的价格、竞争对手商品的价格等都非常敏感。在进行企业内部交易、与其他阿米巴的领导者进行交涉谈判的时候，对影响价格决定因素的了解是不可或缺的。

第八条"燃烧的斗魂"，有人看了可能不知道这到底是什么意思。实际上，经营者需要具有强大的战斗勇气和气魄。在经营一个企业的时候，经常会陷入"前进也是地狱，后退也是地狱"这种进退两难的境地。一边要保护好自己企业的员工，一边还要去战胜一切艰难险阻，这时没有强大的斗志是不行的。另外，要成

稻盛和夫

为领导者或经营人才，还需要拥有内心的善良，以及诚实的心。这就是第十一条所强调的。

经营十二条和六项精进（见表1-1和表1-2），实际上强调的是一些做人的道理。要成长为经营者或者经营人才，首先必须要有这样的价值观、伦理观。如果没有优秀的品格，就不可能成长成为"人上人"。

表1-1　稻盛经营十二条

第1条　明确事业的目的意义
确立正大光明、符合天理大义的崇高目的

第2条　设立具体目标
始终与员工共享既定目标

第3条　胸中怀有强烈的愿望
要怀有能够渗透到潜意识中的强烈而持久的愿望

第4条　付出不亚于任何人的努力
一步步踏实工作，付出不懈努力

第5条　销售最大化、经费最小化
利润无须强求。量入为出，利润将会随之而来

第6条　定价即经营
制定价格是领导的职责。价格应制定在顾客乐于接受、公司能盈利的交汇点上

第7条　经营取决于坚强的意志
经营需要足以洞穿岩石般的坚强意志

第8条　燃烧的斗魂
经营中需要不逊于任何格斗场上的坚强斗志

第9条　临事有勇
不能有胆怯的举止

第10条　不断从事创造性的工作
日复一日，年复一年，始终坚持改革改良，在创意上下功夫

第11条　以关怀之心，诚实处事
买卖是双向的。要使包括对方在内的所有人皆大欢喜

第12条　保持乐观向上的态度，抱着梦想和希望，以坦诚之心处世

046

表 1-2　六项精进

---

1. 付出不亚于任何人的努力

痴迷于工作，热衷于工作，并付出超出常人的努力，这会给我们带来丰硕的成果

2. 要谦虚，不要骄傲

成功的人，是那些内心具备燃烧般的激情和斗志，并能做到谦虚内敛的人。即使成功了，也不能忘掉谦虚

3. 要每天反省

"是否傲慢？""有没有让别人感到不愉快？""是否有卑怯的行为？""是否有利己的言行？"回顾自己一天的言行，确认是否符合正确的做人原则。每天的反省可以抑制自己的邪恶之心，让良心更多地占据我们的心灵

4. 活着，就要感谢

人无法独自生存。我们能够生存下去，正是因为有了身边所有环境因素的支撑。坦诚地对目前拥有的东西表示感谢，并将这种感谢之心用"谢谢"的话语或者笑容向周围的人们传递。这样做可以使自己和周围的人更加平和、更加幸福

5. 积善行、思利他

世间存在着因果报应的法则，要多思善行善。善，就是指待人亲切、正直、诚实、谦虚等，这也是做人应有的最基本的价值观。每天都思善行善，你的命运就会朝着好的方向转变

6. 不要有感性的烦恼

每个人都会失败。我们都是在不断失败的过程中成长起来的，只要深刻地反省了，之后就不能再为此烦恼，必须义无反顾地走向新的起点，开始新的生活，这是十分重要的

支撑阿米巴经营的"经营哲学教育"

前面已经介绍过，在阿米巴经营里面，阿米巴的领导者都有一个根据 Master Plan 设定出来的关于利润的必达目标。每个阿米巴领导者都想更多地创出利润，这虽然是好事，但如果因此走火入魔，只关注自己阿米巴的利润，那对公司全体来讲也可能带来不好的影响。

在实行内部交易的时候，稻盛先生如是说：

在阿米巴经营，最终的销售价格是与市场价格直接联系在一起的，如果我们不能在每月都在下降的销售价格的基础上倒推设定出合理的内部交易价格，那我们的阿米巴经营就不能正常地运营。

因为各个部门的负责人都非常重视自己部门的结算和利润，所以比如原材料部门的人会尽量提高原材料的内部交易价格，相反，生产部门则希望以尽量低的价格来购买原材料。同样，所有的部门都希望从前道工序中用便宜的价格买入，然后用尽可能高的价格向后一道工序卖出。大家都这么思考的话，肯定会发生矛盾。

这个时候，根据个性不同，每个负责人表现出来的言行也不同。容易恼怒的人，嗓门大的人，这样的人就会胁迫前道工序的人，或者威逼后道工序的人，让他们用高价购买自己的产品，或让他们用便宜的价格卖给自己原材料。为了避免这样的事情发生，让公平的经营能够开展起来，我们就必须重视负责人的人性。

不论是部门之间的内部交易，还是公司经营全体的运营，这里都需要正确的人性。什么才是正确的，什么才是公平的，我们需要不断地扪心自问。

摘自《阿米巴经营学》(KCMC)。

在京瓷集团，判断事物正确与否的标准，不是得失，而是善恶。也就是说"作为人，何谓正确"这种道德观和伦理观。这些内容被总结成"京瓷的经营哲学"，并通过教育培训向全体员工渗透。京瓷的经营哲学，描述了作为一个企业，作为一个人，应该是一种怎样的姿态，以及要达到这种姿态而需要遵循的行为规范。假如某个员工被发现有"只要自己好了万事就 OK"的这种态度，那在京瓷集团，估计他得到的评语会是"欠缺作为领导的资质"。

京瓷集团的经营理念是"在追求全体员工物质和精神这两方面幸福的同时，为人类和社会的进步发展做出贡献"。物质和精神两方面幸福的追求，指的是追求工资奖金等经济上的安定，同时也追求通过自己的工作实现自我价值，体会到对生活和工作的激情，从而达到内心深处的丰富。为了将这条经营理念渗透到公司的每一个员工和每一个角落，稻盛先生在自己日常的工作中不断地向员工们宣讲和灌输他的思想，而"京瓷经营哲学"就是对他的这些思想的总结。

京瓷的经营哲学基本上是不对外公开的。原因是，每家公司的经营哲学是其公司自己创出的东西。但这么说的话我们没有办法想象它到底是什么东西，所以在表 1-3 和表 1-4 里，我将经营哲学里面的精华部分摘抄出来，并做了注释。

表 1-3　京瓷的经营哲学内容介绍（一）

经营之心	• 全体员工共同参与经营
• 以心为本开展经营	• 统一方向
• 光明正大地追求利润	• 重视独创性
• 依照原理，遵循原则	• 玻璃般透明的经营
• 贯彻顾客至上原则	• 志存高远
• 以大家族主义开展经营	**为了度过美好的人生**
• 贯彻实力主义	◎提高心性
• 重视伙伴关系	• 与"宇宙意志"相和谐的心性

（续）

- 以爱、真诚以及和谐的心性为本
- 以纯洁的心灵描绘愿望
- 拥有纯朴的心性
- 必须始终保持谦虚
- 深怀感谢之心
- 始终保持乐观
  ◎精益求精
- 为伙伴尽力
- 构筑信赖关系
- 贯彻完美主义
- 认真努力，埋头苦干
- 脚踏实地，坚持不懈
- 自我燃烧
- 热爱工作
- 追求事物的本质
- 成为旋涡的中心
- 率先垂范
- 使自己保持紧迫感
- 在赛台的中央交锋
- 直言不讳
- 作出无私判断
- 具备均衡的人性
- 与知识相比，更应注意实践
- 不断从事创造性的工作
  ◎作出正确的判断
- 以利他之心为判断基准
- 大胆与细致兼备
- 以"有意注意"提高判断力
- 坚持公平竞争的精神

- 注重公私之别
  ◎达成新目标
- 抱有渗透到潜意识之中的强烈而持久的愿望
- 追求人类的无限可能性
- 拥有挑战精神
- 成为开拓者
- 认为不行了的时候才是工作的开始
- 坚持信念
- 乐观地构思，悲观地制订计划，乐观地实行
  ◎战胜困难
- 具有真正的勇气
- 燃起斗志
- 自己的路自己开拓
- 做事要言出必行
- 深思熟虑直到看到结果
- 不成功绝不罢休
  ◎思考人生
- 人生·事业的结果＝思维方式 × 热情 × 能力
- 认认真真地度过每一天
- 心想事成
- 描绘梦想
- 动机至善，了无私心
- 小善似大恶
- 度过能够自我反省的人生
- 以纯真之心走人生之路

在京瓷，人人都是经营者
- 定价为经营之本
- 追求销售额的最大化，经费的最小化（量入为出）
- 每天都需进行核算

（续）

• 贯彻健全资产原则	• 贯彻现场主义
• 以将来进行时看待能力	• 重视经验
• 使目标众所周知，贯彻始终	• 制造完美的产品
关于开展日常工作	• 倾听产品的声音
• 提高核算意识	• 贯彻一一对应原则
• 以节俭为本	• 贯彻双重确认原则
• 按所需数量购买必需物品	• 简单地看待事物

表 1-4　京瓷的经营哲学内容介绍（二）

以心为本开展经营

京瓷是从一无资金、二无信用、三无业绩的小作坊开始出发的。可以依赖的只有技术和相互信任的 28 个伙伴

为了公司的发展每个人都尽心尽力，经营者为了回应大家的信赖而拼命努力，一起工作的伙伴相互信任，抛开私利私欲，全体员工都愿意在这家公司工作，努力将公司建成最棒的企业。京瓷就是朝着这样的目标而进行经营的

常说人心叵测变幻无常，但同时也是世上最坚硬的东西。正因为我们将心与心之间坚强的联系作为我们经营企业的基础，才有了京瓷今日的发展

以利他之心为判断基准

我们的内心里面，有"自己好了万事 OK"的利己之心，也有"宁可牺牲自己也要帮助别人"的利他之心。如果用利己之心作为判断标准，我们就只会考虑自己，得不到任何人的帮助，以自我为中心，视野会变得狭窄，就容易做出错误的判断

相反，如果我们用利他之心作为判断的标准，"为他人着想"，周围的人也会非常愿意伸出援助之手。不以自我为中心，视野自然变得开阔，就更容易做出正确的判断

为了把工作做得更好，不能只考虑自己，而是要考虑周围的人，应该把为他人着想的"利他之心"作为判断的基准。

人生·工作的结果＝思维方式 × 热情 × 能力

人生和事业的结果，可以用思维方式、热情和能力这三个要素的乘法来计算

其中，能力和热情，都是在 0 分到 100 分来评分，因为是乘法，比起自认为自己能力强而不努力工作的人，那种认为自己能力有限，因此比任何人都努力工作的人往往能够作出巨大的成就。这个结果上再乘上思维方式。思维方式是人生的态度，所以是在负 100 分到正 100 分来评分。因此思维方式可以让人生和事业的结果发生 180 度转向

因此可以说，一个人拥有正确的思维方式，比什么都重要

在京瓷的经营哲学里面，最具有代表性的一条是"人生的方程式"，就是"人生·事业的结果＝思维方式 × 热情 × 能力"。

比如，有一个员工 A，头脑非常聪明，也有很强的能力。但如果他由于过分地相信自己的能力，而不认真热情地工作，比如说能力是 90 分，而热情只有 40 分，两者相乘结果是 3600 分。还有一个员工 B，能力假如只有 60 分，但工作热情非常高，那 B 的结果呢？每天早起晚归工作到深夜，努力将自己的工作做得更好，并努力将其付诸实践，周围的人也都能感受到他的热情和干劲，那我们可以给他的热情打 80 分。那么 B 的最终结果就是 4800分。也就是说，能力差一点的 B 的得分却要高一些。

计算"人生·事业的结果"还需要一个要素，就是"思维方式"。这个要素的分值不是在 0 ~ 100，而是负 100 ~ 正 100。总是带着否定的批判思维看问题的人，得分为负，总是乐观向上、正向积极，在思考问题的时候总是向积极方面去努力的人，得分为正。也就是说，这个方程式是在提醒我们：思维方式是最重要的。换句话说，即便能力不是那么强，只要思维方式正确了，那不论是人生还是事业，都能取得巨大的成就。也正是为了让员工们都有做人的正确思维方式，我们进行了经营哲学的教育。

稻盛先生在京瓷的创业期和成长期遭遇过各种各样的困难。在历经磨炼之后他领悟到：人心非常孱弱且容易受伤，不可依赖，但一旦它们被强大的信赖关系连接在一起，那将是强大无比、无坚不摧的力量。此后，稻盛先生就开始了以心灵为基础的经营实践。每当面临困难再到战胜困难的时候，他扪心自问事业和人生，最终形成了京瓷的经营哲学。

用一句话来概括京瓷的经营哲学，可以这样说："具有普遍性的正确做人的判断标准""禁止私欲膨胀""不骗人""不说谎""做正直的人"。这些都是小时候每个人都能从家长和老师那里学到的做人应当遵守的简单的道德观和伦理观。京瓷公司就是用这些道德规范来经营企业的。

另外，经营哲学还强调了"企业为了达成目的目标所需要的思维方式""为了让公司成为可以信赖和尊敬的公司的思维方式""做人的正确的活法和姿态"等。就像人有人格，公司也有公司的品格。我们的目标就是将公司发展成为一家受世人尊敬的拥有高贵品格的公司。

在京瓷集团，公司向每个员工都发放一本《京瓷经营哲学手册》，并利用各种各样的机会组织大家进行学习和讨论，以此来渗透我们的经营哲学。在这本手册里，每一页都有一条经营哲学和对此经营哲学的解释。集团公司的每个现场基本上都会在早会上选出一条经营哲学，大家一起讨论，加深理解。只有让所有员工都能理解其中深层次的含义，制定经营哲学才会有现实的意义。

比如有这样一件事情。有一个客人提出希望购买我们的一套产品，而公司的销售人员则对客人真诚地说："再过一个月我们会有一个展示会，在展示会上这套产品会有优惠价。所以如果您不是急需的话，可以在那个时候购买。"客人听了当然十分高兴："感谢您告诉我这么好的信息，多谢！"结果那位客人在展示会当天来到会场，竟然一下买下了两套产品。站在客人的立场上，同样的产品如果知道了在一个月之后的展示会上能更便宜地买到，那肯定会为之前花了高价买入而感到遗憾。我们的销售人员非常正直地把信息告诉客人，这竟然为公司带来了两倍的销售量。

京瓷的经营哲学里强调"要以利他之心作为判断标准"。实际上，我们的内心里面，有"自己好了万事 OK"的利己之心，也有"宁可牺牲自己也要帮助别人"的利他之心。如果用利己之心作为判断标准，那我们就很难接受周围的帮助，变得以自我为中心，视野也会变得狭窄，就容易做出错误的判断。从我的经验来看，那些能力强的人往往会有这种倾向。可能他们对自己的判断能力有着很强的自信吧。

相反，如果我们用利他之心作为判断标准，周围的人也会非常愿意伸出援助之手。不以自我为中心，视野向外扩展变得开阔，就更加容易做出正确的判断。

培养阿米巴的领导者，经营哲学是必修课。阿米巴的领导者必须自我约束，拥有谦虚的心和正确的伦理观。"不说谎，不骗人，做正直的人"，这些小学生都知道的单纯的伦理观，实际上是非常重要的。也许这个时候有人会说："这个不用说，我们都明白"。

但是，知道与执行之间，存在着天壤之别。脑袋里面非常清楚，但在实践的时候，一不小心头脑就会被利己之心占据。所以我们不仅仅通过早会和学习会，也会特意提供一些反复学习经营哲学的场合，让经营哲学不仅仅是公司的思维方式，而渗透到公司内每一个人，成为每个员工内心的思维方式。

　　以前，我曾经读过一本关于美国陆军军官西点军校的书，上面介绍了西点军校必须遵守的要点，主要内容是"士官候补学生不说谎，不骗人，不偷窃他人的东西。看到他人有这样的行为也不能视而不见"。这句话是入学后第一年要学的基本内容。如果有人违反，那么这个人就会被勒令退学。

　　我当时看了非常吃惊。西点军校是美国超一流的大学，与哈佛并驾齐驱，为世界培养出了许多超一流的人才，毕业生里面甚至有人当过总统。能在这所大学里学习的人，一般出身比较富裕，来自美国中产阶级以上的家庭。在这样的家庭里，家长每到星期天会带着孩子一起去教会，听牧师讲耶稣、讲基督的教诲，接受应该如何做人的教育。长大到西点军校之后，却要再学一遍。相信在日本应该没有实施这种教学内容的大学吧。

　　在京瓷集团，我们非常重视公平、公正、正义、勇气、诚实、忍耐、努力、博爱等单纯的价值观教育。正是因为我们非常重视这些基础内容的渗透，我们的阿米巴经营才能正常地运转。

作为领导者应有的姿态

　　在阿米巴经营，怎样做才算是合格的经营者和阿米巴的领导者？将这个问题弄明白很重要。仅仅业绩好，作为领导者来讲是不全面的。更重要的是，在于他是不是受人尊重，是不是能够理解并实践作为行为规范的我们的经营哲学。

对刚刚上任阿米巴领导者的人，我一般会跟他们强调他们的任务有下面两个。

作为阿米巴领导者的第一个任务，是"让部下幸福"。那么，什么才是"部下的幸福"呢？其实很简单，就是"保证部下们的生活"。为此，阿米巴的领导者就必须与部下团结一致，努力工作，改善提高自己阿米巴的经营业绩，努力创造利润。只有创造了利润，公司才能有钱给员工发工资，这其实就是"保证部下们的生活"了。

阿米巴领导者的第二个任务就是一定要让部下有目标、有干劲、有梦想。这里的目标不仅仅是指提高销售额、提高利润这样高大上的目标，比如在店铺里面，经常进行整理整顿，始终保持店铺的整齐美观这样的小目标也是很好的。只要有目标，并努力朝着设定的目标奋斗，部下就能够在这个过程中成长，大家就都能感受到幸福。再就是"让部下拥有自己希望实现的梦想"。人生在世，如果拥有梦想和希望，人的潜力就会沸腾起来。只要拥有实现梦想的心，人的能力将不可估量。

再讲一点就是我的期待，我期待阿米巴的领导者能够从"管理者"转变成为"保卫集团的真正的领导"。日本航空的植木义晴社长也曾经说过，在日航员工们的意识改革逐渐推进的时候，管理者们的思维方式也都发生了巨大的变化。在日本航空就任管理职位成为管理者，部下少则10多人，多则40多人。在以前，成为管理者，做的工作当然就是"管理"的工作。从上级那里接到指挥命令之后传达给部下，督促监督他们来完成。然而这种做法和思维方式，在我们对日航进行重建的过程中发生了改变。现在日航的管理者，既能理解经营者的想法，又能将部下紧紧地团结在一起，自己能作为领头人牵引整个组织向正确的方向前进。他们不是单纯的"管理者"，而是组织的守护者、组织的引领人。如果能培养出这样的领导者，企业经营者将无后顾之忧。

在京瓷公司，我们就是将这样的内容反复地教给阿米巴的领导者们，并让他们在实践中磨炼和成长。

被称为日航复活原动力的阿米巴经营

重建日航的开始

从 2010 年 1 月开始的两年，我作为日本航空的财务总监代理和副社长，跟随稻盛先生一起参与了日本航空的重建。记得刚刚进入日航的时候，员工们给我的第一感受就是：大部分员工都是诚恳正直的，而且都很优秀。同时我也有了一个很大的疑问："为什么有这么多优秀员工的企业，却会落得这般田地？"

2009 年 12 月初，稻盛先生接到了日本政府和企业再生支援机构"重建日航"的邀请。尤其是企业再生支援机构曾经这样说：日航重建的总指挥，需要满足三个条件：非运输业的经营者；在国内外有很高的知名度且有创业经验；有经营大企业的实战经验。能满足这三个条件的，非稻盛先生莫属。

但是当初，稻盛先生以"完全不了解航空业，不能胜任"为由多次拒绝邀请。12 月中旬，在京瓷总部有一个会议，我也出席了。会议结束后，稻盛先生突然叫住我说："他们请我去重建日航。如果我答应他们，你会跟我一起来吗？一个星期之后给我答复。"这让我十分震惊。

与京瓷的业务完全不沾边的公司，想要重建并不容易，还是不要去趟这个浑水比较好。这是我当时的想法。但如果稻盛先生要去的话，那我也义不容辞。12 月下旬，我去了东京的京瓷总部，见到了稻盛先生，跟他说："名誉会长您一定要去的话，我必定跟随。"

但在心里面，我实际上是在想我们还是不要去吧，因此我也没办法说出"一定交给我来做"这句话。在我来看，当时我应该是表达了"很勉强的答应"。

稲盛先生笑了笑，说："真的啊，太谢谢了。马上就会有企业再生支援机构的人过来，我们一起坐下来聊聊。"

"啊！"

我已经惊讶得说不出话来了。

从 1 月初开始，我们跟企业再生支援机构进行了多次交流和沟通，最后在 2010 年 1 月 13 日，稲盛先生最终正式决定接受邀请，去重建日航："自己可能会心有余而力不足，但一定为日航的重建工作全力以赴。"2 月 1 日，稲盛先生和我，还有稲盛先生的老秘书大田嘉任先生，我们三个人第一次来到日航总部，日航重建的序幕拉开了。

经过艰难的思想斗争之后，稲盛先生毅然受命重建日航，据说主要有如下三个原因。第一，如果日航重建失败，那这可能会对本来就不太景气的日本经济形成更为沉重的打击。第二，保住日航员工的工作，这非常重要。当时，破产前的日航一共有约 5 万名员工，虽然因公司破产不得不裁员 1 万多人，但还会剩下 3 万多人。为了保住这 3 万多人的工作，必须搏一把。第三，日航如果破产，从日本航空界消失，那日本的航空界就会剩下一家大公司也就是全日空公司；如果日航能够实现重建，跟全日空公司竞争，这对日本的国民来讲是有利的。如果没有竞争，在价格和服务的改善上，国民就可能得不到更多的实惠。深思熟虑了这三点，稲盛先生决定竭尽所能、不遗余力，全力以赴重建日航。稲盛先生担任日航的会长，我和大田先生分别担任财务总监代理和会长助理，三个人开始了对日航的重建。

那时，媒体等都对日航的重建持不看好的态度，认为要在短期内解决日航长期以来积攒下来的重症顽疾，不是一件容易的事情，因此各方都认为重建工作不会成功，日航可能会面临第二次破产。因为的确很难，媒体这样评价也是常理之中。

不仅建框架也要铸灵魂

日航一直以来在人事政策、飞行线路计划的合理化、高效率地配置飞机等方面都存在着严重的问题，但这些问题长期以来根本没有得到解决。在带着这些重症顽疾进入 2000 年之后，又遭受恐怖事件多发、SARS 流行、新型流感传播等问题的影响，直接导致旅行需求直线下降，日航的经营也开始恶化。2008 年遭遇雷曼兄弟金融危机之后，燃油费用直线上升，日航本来就脆弱的经营体制不堪一击，最终落得破产清算的境地。

就这样，航空业经营管理经验全无的稻盛先生，带着京瓷集团的两个董事，以及根据自己经验创造的经营哲学和阿米巴经营，来到了经营问题堆积如山的日本航空。大田先生负责通过经营哲学的教育来改变日航员工的思想意识，我则主要负责将部门结算制度导入日航的每一个部门。

图 2-1 描述的是日航 2007 年 3 月到 2013 年 3 月的合并绩效。从这张图中我们可以看出，由于日航进行了酒店业务的调整，比起 2007 年的最高营业额，目前日航的营业额减少了 1 兆 1000 亿

日元，但营业利润却比以前有了大幅度的提高，已经成长成了一个高收益率的企业。

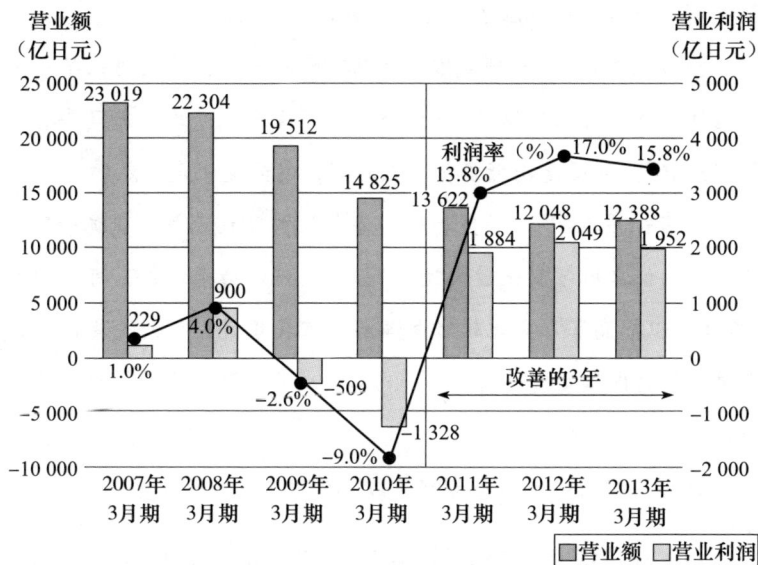

图 2-1　日航的绩效推移

2013 年 3 月的业绩，由于受到日元贬值和燃油费上升，以及波音 787 机型停飞等影响，虽然出现了营业额上升而利润额减少的现象，但也实现了营业额为 1 兆 2388 亿日元，营业利润 1952 亿日元。可以说这三年，日航的经营业绩是非常稳定的。

实现了日航成功重建的稻盛先生在 2013 年 3 月卸任日航总指挥。对此，日航的植木义晴社长曾多次被媒体追问："接下来的日航会怎样？日航会不会回到破产之前的状态？"对于这些追问，植木社长非常清楚明了地做了回答："日航已经不会再变成以前的样子了。"他之所以能够这样坚定地回答，主要原因在下面这段文字当中。

关于这次日本航空的重建，如果是稻盛先生之外的经营者来做总指挥，会不会必定失败呢？实话实说，可能也不会失败。但至少可以确信，日航应该不会是现在这个样子。

很多人都说："问题成堆、无药可救的日航，就因为来了一个总指挥，竟然可以有这么大的变化。"事实看来，的确是只要有那种"意识"，即便是稍微多花一点时间，发生变化是必然的。

还有很多人问："稻盛和夫名誉会长到日航三年，日航和日航的员工在什么地方变化最大呢？"如果用一句话来回答，可能回答"结算意识提高了"会比较容易理解。但我想说，最大的变化应该是员工们的内心变得美丽了，而内心的变化，让我们的一切变得更美好。

摘自：机关杂志《盛和塾》123号。

植木社长所说的"结算意识提高了""员工们的内心变得美丽了"，到底是什么意思呢？接下来我就详细地为大家介绍日航重建的全过程。

赴任日航后我的感受

在赴任日航之后，我们在日航进行了全面的访谈调研。稻盛先生、我和大田先生，三个人走遍了从飞机维护工厂到机场，与现场的员工彻底地了解日航运营的现状。在集团公司总部，我们也对近100家子公司的社长进行了个别谈话，了解了日航，也了解了航空产业。因为我们都是航空产业的门外汉，而且面对的是一个

5 万人的大型企业组织，因此我们必须要把握企业的真实情况。

通过访谈，我对日航的最大的感受就是：在对于企业经营的最基本认识上出问题了。

首先，从在京瓷成长起来的我的角度来看，在日航，不能马上得到关于经营状况的必要数字信息。每个月的利润表基本上要晚两个月才能出来，100 家关联公司每个月的资产负债表竟然都没有，而且竟然都不知道到底是哪个经营干部在对公司的利润负责。

日航集团有一个预算管理制度。作为营业额的收入预算由销售机票的销售部门和负责货物运输的货物运送本部决定，而经费预算则在集团所有部门展开。经营企划本部负责把握集团的整体，经营权力似乎都集中在这个本部里面，但他们并不对集团公司的利润负责。营业额目标即便没有达成，也几乎无人问津、无人负责，而经费则总是被彻底消化，且没有负责检查经费开支是否合理的部门。对于一直以来实行部门结算制度的我来讲，这种经营状况着实让我非常震惊，却是事实。

日航的高管、干部们都认为"比起利润，安全优先""作为一个公共交通机关，即便是赤字航线，也应该坚持飞行"。直到后来稻盛先生给他们指出"想要保持安全飞行，是不是需要资金呢"，他们当中很多人才意识到利润的必要性，而在当初，几乎没有人认识到这一点。

破产前日航的干部和员工们之中，多数人都认为日航是代表日本的航空公司，他们是带着骄傲和自豪来工作的。因此，即便

是赤字航线也坚持飞行，比起利润，安全更重要这样的想法是日
航干部们的基本想法。各个部门的任务，就是充分利用预算好的
经费，切实地将工作做完，而且没有人怀疑这里面是不是有问题。
在我们访谈的时候，多次被告知"这是公司的常识"。我们注意
到，公司总部的工作人员和现场的员工之间基本上没有任何交流
和沟通。

还有，几乎所有日本航空的干部都认为公司不可能倒闭破产，
认为如果出现问题的话，"政府不会袖手旁观"。这种想法不仅仅
在公司总部，在100家关联公司都是这样。而且关联子公司的经
营更是完全依付集团公司，没有人想去改善公司的经营情况。

面对这样的日航，我无语了："日航里面没有真正的领导，而
且关于企业经营最基本的思维方式也是错误的。"（见图 2-2 ）

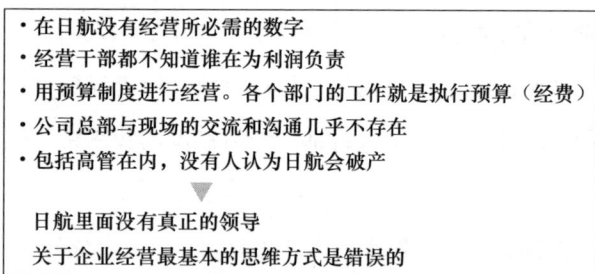

- 在日航没有经营所必需的数字
- 经营干部都不知道谁在为利润负责
- 用预算制度进行经营。各个部门的工作就是执行预算（经费）
- 公司总部与现场的交流和沟通几乎不存在
- 包括高管在内，没有人认为日航会破产

▼

日航里面没有真正的领导
关于企业经营最基本的思维方式是错误的

图 2-2　我在日航的感受

首先从改变员工的意识入手

在稻盛先生决意就任日航会长之前就跟我们说过："如果我答
应他们去重建日航，我能带给日航的只有迄今为止我们做过的用

来改变思维方式的经营哲学和阿米巴经营。"如何将这两个内容在日航集团实施和渗透，这对我们来讲是最大的课题了。

重建工作具体开始之后，我们最初的工作，就是进行"通过经营哲学来改变干部和员工的思想意识"的改革。2010 年 4 月 15 日，我们召集了日航集团的所有执行董事，总部的各个部长到一起进行了一次讲座，稻盛先生做了演讲，题目是"用正确纯粹且强烈的意识与不懈的努力，来确保事业的成功"。

对于我们重视经营哲学的宣讲和教育，最初，日航的高管和管理者们大都是持怀疑态度的。在经营干部当中，也有人开始叹气："精神论能拯救日航吗？笑话。"实际上，这也在我们的预料之中。经营哲学的主要内容，就是从小每个人都从父母和老师那里学过的做人最基本的道德观和伦理观。他们肯定在想：作为可以代表日本的大企业日航的高管，如今再来听这些三岁小孩都知道的东西，能有什么用呢？事后，稻盛先生也跟我说："他们虽然在听，但他们的脸上都写着：把小孩子学的东西拿出来跟我们讲，有意思吗？"

在第 1 章中介绍过，人生和事业的结果，是思维方式（−100 ~ +100）、能力（0 ~ 100）和热情（0 ~ 100）的乘积。这三者当中最重要的就是思维方式，因为只有思维方式的得分有可能是负值。

日航集结了大量有能力又有热情的员工，但为什么会破产倒闭呢？那是因为他们的思维方式是负值的缘故。即便再有能力和热情，如果思维方式是负值，那最终结果肯定是负值。经营哲学是能够将思维方式的方向彻底改变的处方。我们确信只要思维方式能够变成正值，他们本来就都有能力和热情，最终肯定会做出巨大的成绩。

开始的时候，我经常对日航的员工这样说："现在日航有今天，就是你们每一个人的随心所欲造成的。每个人都认为只要自己做好自己的工作就行了，而这样做的最终结果，就是公司整体亏损，导致公司破产倒闭。所以现在想重建日航，你们就不能以自己为中心各自为战，而是要为我们整个公司来思考、来行动。怎样才能形成考虑整个公司经营的心理习惯呢？这就需要我们来学习教我们应当如何做人的经营哲学，因为我们的思维方式需要从根本上得以改变。你们可能觉得经营哲学里面的内容都是最基本的东西，大家都知道，但知道与实践之间其实存在着天壤之别。人都是这样，即便知道是不好的事情，有时候也会自然而然地去做。所以我们必须反复学习，争取达到在无意识的情况下也能做出正确的事情。"

运用京瓷版聚餐会提高日航凝聚力

之后，稻盛先生对日航的高管和一般干部、员工进行了十多次的演讲。只要有时间，稻盛先生就亲自奔赴东京的羽田机场和成田机场，到现场与员工们直接对话，并不断地跟他们强调"航空业在根本上还是一种服务业"。

结果过了不到两个月，日航的高管、干部和员工竟然开始认真地学习稻盛先生的教导。周末时间，有的高管还主动自主地集结起来，开始组织学习会，讨论稻盛先生的经营思想和经营哲学。

针对经营干部的经营哲学学习会，按照 1 个月 17 天、1 天 3 个小时的强度举行。学习会上，先听稻盛先生的演讲，之后就是聚餐会。每个人每次交 1000 日元的参加费用，一边喝着罐装啤酒，一边与稻盛先生讨论。实行这种聚餐会，目的是把日航干部和员工的内心集中到一起。每个人都敞开心扉，真诚地交换意见和想法，激烈地进行讨论。通过这样的促膝交谈，经营哲学得以慢慢渗透，这原本是在京瓷才能见到的场景。

有时候我们还会举行夜间学习会。做法跟经营哲学学习会差不多，结束之后也是放松的聚会。大家都围坐在榻榻米上，干部、员工进行积极热烈讨论的同时，加深相互之间的信任关系。终于有一天，对经营哲学的学习一直持坚决否定、刀枪不入态度的那个干部过来坐到稻盛先生身边，说："迄今为止是我错了。从小从父母和老师那边学到的这些做人最基本的东西，实际上完全没有做到。"可以说，京瓷版聚餐会，确实让日航的经营干部们的心团结到了一起。

经营理念的刷新和日航哲学的诞生

于是终于有一天，有一个干部提出来："让我们一起来重新制定日航的经营理念吧。"于是，以当时的大西贤社长（现任日航会长）为中心，选出了部分干部员工，开始了重新制定日航经营理念和日航哲学的工作。

现在，日航集团的企业理念是：

日本航空集团，在追求全体员工物质和精神这两方面幸福的同时，

为顾客提供最优质的服务。

提高企业价值，为社会的进步和发展做出贡献。

"设定光明正大、符合天道大义的高目标，并在全体员工中进行共享，这可以将全体员工的心凝聚到一起，为实现设定的目标共同前进。"

怀着上面的目标，稻盛先生积极地通过对日航干部、员工灌输经营理念和经营哲学的方法来推行意识改革。

日航哲学的内容如表 2-1 所示。为了制定日航哲学，京瓷公司进行了全面的配合和帮助。日航哲学的内容的确是以京瓷哲学为基础设定的，但京瓷哲学的内容仅仅是基础，尤其是"第二部分为了建成伟大的日航"之中，记入了很多日航干部和员工经过多次讨论而确定的内容。与京瓷哲学一样，日航哲学也被做成一个小册子，集团成员人手一本，在早会上轮流诵读，并通过学习会、研讨会的形式实现在整个集团各个角落的渗透。

通过学习会，迄今为止相互不认识、没有说过话的员工之间的交流机会增多了，会议主办者也刻意策划一些跨部门的学习会和研讨会，这不仅增强了对经营理念和经营哲学的渗透，同时也大大增强了企业内员工之间的交流和沟通。

表 2-1　日航哲学概要

第一部分　为了度过美好的人生
第 1 章　成功方程式（人生事业的方程式）
人生·事业的结果 = 思维方式 × 热情 × 能力
第 2 章　拥有正确的思维方式
用正确的做人道理来判断
保持谦虚和坦诚的心
小善似大恶，大善似无情
简单地思考问题
拥有美好的心灵
总是开朗且乐观向前
在赛台的中央交锋
兼容并包
第 3 章　带着热情，持续日常的努力
认真努力地工作
有意注意地工作
追求完美
积累简单的努力
自我燃烧
第 4 章　能力必定会提高
能力必定会提高
第二部分　为了建成伟大的日航
第 1 章　每个人都是 JAL
每个人都是 JAL
率先垂范
关系到尊贵生命的工作
将为顾客着想贯穿始终
用真实的想法来碰撞
成为旋涡的中心
充满感谢
第 2 章　提高结算意识
追求销售最大化、经费最小化
光明正大地追求利润

（续）

着实执行再生计划

在推行员工意识改革的同时，我们也积极地调整了日航内部
的各种管理制度，为阿米巴经营的导入做好了准备。

日航实行预算制度，本来应该从这个预算制度入手进行改革，
但我们在来日航之前，企业再生支援机构已经根据原有的预算制
度制订了再生重建计划。这个再生重建计划的主要内容如表 2-2
所示。

表 2-2　日航再生重建计划的主要内容

- **飞机机种数量的减少**

让包括 747-400、A300-600、MD-81、MD-90 在内的 103 架飞机退役。飞机机种数量由现在的 7 种减少到 4 种

- **机材的合理化**

更多地引进效率性比较高的小机型 737-800，并在国际线推进战略机型 787 的引进

- **实现航线网的合理化**

日本国内航线保持一定规模；国际航线以欧美和亚洲航线为中心，休闲航线强化檀香山航线和关岛航线

- **将经营资源向航空运输事业集中**

将经营资源向航空运输事业集中，卖掉周边事业领域的子公司。在货物运输事业，停飞货物专用机，综合利用客运机的货舱

- **构建灵活性较强的组织和经营管理体制**

消除企业组织内部的重复组织和重复机能，设立对航线收支负责的新部门，实现航线、部门的损益责任明确化

- **机场体制的大幅缩小（机场成本结构改革）**

缩小办公场所的使用面积，缩减经费的浪费。积极与其他航空公司合作共同负担业务经费，削减仓库数量，降低租赁成本费用

- **设施改革**

公司房地产租赁租金的降低，使用面积的重新核算

- **人员削减**

通过提前退休、子公司卖出等措施来削减日航集团员工总人数。从平成 21 年度末的 48 714 人，到平成 22 年度末减少到 32 600 人

- **人事工资福利制度的改订**

以法定或市场一般工资水准为基础，将工资水平和福利水平调整至行业必要水平，并对制度实行根本的改革

- **燃油税、机场税等的削减**

迄今为止由于日航支付的国内外飞机燃油税、机场着陆费等已经超出了平均水平的 10%，因此对于相关企业和机构提出降低标准的要求

- **各种成本的压缩**

将各个部门的采购部门统一到总公司里来，实现采购一元化。积极研究现金以外的金融资产的燃油交易，强化风险管理

稻盛先生当时也确信"按照再生重建计划一步一步做下去，日航可以实现重建"，因此在我们进入日航的第一年（2010年），我们以着实执行再生重建计划为主要目标，将工作的重心放到了经费的削减上。

根据规定，日航的每个本部按照年度和月度制定自己的预算，长期以来的实践使得日航各个部门的预算制定得非常周到细致。本来如果要导入部门结算制度的话，需要把各个部门的收支情况严格地进行审核检查，但需要比较长的准备时间。因此我们改变策略，只是要求财务部门做出每个月的利润表。然后根据 Master Plan 制定年度预算，再根据每个月的利润表做出每个月的结算表，并将这些资料指定为绩效报告会的必须资料。绩效报告会是集团公司级别的，各个本部汇报自己业绩和经营结果的经营会议。最初，这个会议的目的是"推进经费削减"和"提高干部的数字意识"。记得在第一次召开这个绩效报告会的时候，稻盛先生说了下面的一段话：

"'预算'这个词不好。经费的预算一般都会被按照预定花得干干净净，而销售额和利润却很难达成。我们找别的词来换掉'预算'这个词吧。"

于是，在稻盛先生的授意下，日航内部取消了"预算"这个词，而开始使用"计划"。实际上，这并不只是用词的变更。在实际的运用上，我们也做了以下规定：经费虽然有开支计划，但如果经营业绩和结果不理想，经费也不能100%都用光。我们是想通过这个词的变更，让全公司的员工都能认识到一点：公司的思维方式发生变化了。

在绩效报告会上，我们要求各个部门经理针对各自的年度计划和当月的实际结果，逐条逐项详细解释两者之间产生的差额。至今我也非常清楚地记得第一次绩效报告会是在 2010 年 5 月 26 日召开的。

激怒稻盛先生的会议发言

为了不在会议上丢人现眼，参加绩效报告会的各位部门经理都在会前进行准备和演练。当时的样子就像是在进行国会答辩，发言人的身旁有专人为其准备材料和数据。

当时发生了这样一件事情。看到一位本部长在报告其部门绩效的时候态度极不严肃，似乎是在说与他本人无关的事情一样，稻盛先生生气地批评道："你报告起绩效来好像跟你自己无关，在说别人的事情一样，这么惨淡的业绩，就是你这样的人领导的结果！"结果那位部门经理也不示弱，反驳道："这样的结果不是我的原因。"听了他的反驳，稻盛先生大怒，脸颊也气得通红，怒声吼道："就是你的原因！"

就这样，在一开始稻盛先生听干部们报告的时候，经常会火山爆发："你是经济评论家吗？！"之所以会这样，是因为稻盛先生对每一项工作总是"动真格的"，这里不允许有任何开玩笑的成分。在稻盛先生的经营哲学里面有一条是"完美主义的原则"，不允许丝毫的暧昧和妥协，所有工作必须在每一个细节都做到完美。

因此报告人的绩效，如果没有达标的话，自然是要被训斥的，即便是达到了预期目标，有时也会被稻盛先生指责"根本没有把握住真实的情况吧"。也许，日航的高管和干部们在以前从来没有被这样骂过吧。

在跟日航的干部交流的过程中，我注意到一件事情，他们总是会说这样一个词"trade-off"，意思就是说"A 这种做法也不错，但如果选择做 A，那就只能放弃 B 了"。可能在以前的日航，如果想进行一些新的尝试，但只要有人说出 trade-off 这个词，那估计新尝试的方案就会不了了之。选择了这个，就只能放弃那个，鱼和熊掌不能兼得，非常合情合理，优秀的人更容易认同。

但如果 trade-off 这个词在京瓷集团说了出来，那估计周围的反应会是"那肯定就是两个都做啦"。也就是说，要找出可以同时实现 A 和 B 的方法，并付诸实际行动，这样改革才能有巨大的前进。棒球选手也一样，只会打直线球而不能打弧线球的人，成不了优秀的一流选手。因此每当我听到 trade-off 这个词，我都会对对方说："这个词是阻碍改革推进的词，还是不要再说这个词比较好。"

意识改变，现场就改变

经历过几次绩效报告会之后，日航的干部们回到部门之后开始努力起来：最后的经营数字尽可能地做得更好一点，经费削减尽可能地做得更加到位一些。他们的努力很快就以成果的方式显示出来，尤其是经费削减，几乎每天都有新的削减改善方案出台。

由于每一位本部长都亲自到现场对经费削减进行详细的调查研究，发现了问题则在现场及时进行解决，于是成果更是非常明显。由于亲自做足了功课，干部们在绩效报告会上的报告也变得更加游刃有余，报告内容变得丰富真实起来。

比如负责管理飞行员的航运本部，因为有非常明显的人员过多、机构臃肿的问题，被认为是最难实现经营黑字的部门。但在航运本部明确和理解了各个经营数字的内容和情况之后，积极寻找对策，比如实行将多余飞行员派去支援其他航空公司等各种各样的方法，最终竟也实现了经营结算的黑字化。

绩效报告会结束之后，为了促进公司内部各个部门之间的沟通和交流，我们一般都会组织聚餐交流会。

在以前的日航没有召开过这样的绩效报告会。经营会议一般是由各个部门经理各自大概地介绍部门的情况。部门经理谈到经费也是只讲一个部门的总额，具体项目以及各项目的明细金额自然无从知晓。现在，各个部门经理每个月都会详细审阅部门的利润表，为了弄明白一笔账甚至亲自前往现场查看，听取现场员工们的意见，并积极带动大家共同来寻找解决问题、改善现状的方法。这样，上下级之间的交流越发活跃，而经费的削减也实现了巨大的飞越。

稻盛先生将这个绩效报告会定位为"日航最重要的会议"，一次会议基本上连续召开三天，而且稻盛先生本人一次都没缺席，全都参加了。迄今为止的日航经营会议，一般是讨论如何按照预算来开展工作；现在的绩效报告会上，讨论的内容则变成了"如何削减经费、如何增加利润"。

在执行再生重建计划之后，由于我们关停了大量赤字航线，所以公司整体的营业额大幅减少了。即便是销售额减少，也一定要把日航的盈利体制确立起来。所以只有将事业本身的收益性提高。我最初盯上的，是公司各种物品的采购。

在当时的日航，各个事业部在自己预算范围内拥有自由决策权，一个经理都有几千万日元的审批权。在购买所需要的物品和材料的时候，部长签署的支付票据最后被传到资金课，而全公司每个月加起来竟然有 1 万多张，而且支付票据的内容是什么，支付是否合理，竟然没有人来检查。

一年削减 800 亿日元的成本

员工们都习惯了预算制度的执行，因此在预算制度中确定的预算额度，便成了部门的专权。尤其是到了期末，为了达到将所有预算都用完的目的，甚至将预算项目进行更改和调整。对于各个部门的预算我们做了调研，虽然没有发现违反纪律的开销，但在填写票据的时候，经费项目的混乱屡有发生。其中原因不是因为缺乏相关经费项目的知识，而是为了消化预算而故意进行的调整。

为了消除这种混乱的现象，我们在总公司设立了采购本部，将集团公司的采购权全都集中到了这里。超过 30 万日元的采购需要采购本部来核对和执行。采购本部则对各个部门提出来的采购申请进行审批，看看是不是真的需要购买，看看是不是有更便宜的价格，可以说是对部门的采购设置了一道关卡。因为采购本部的审查特别严格，甚至在公司里被开玩笑地称为"不让采购本部"，但由于此部门的设立，集团公司在一年内竟然削减了 800 亿日元的经费开支。

经费削减取得了如此巨大的成果，估计最感到吃惊的应该是日航的员工。记得我们刚开始进行经费削减的时候，有一位部长当时跟我说：

"森田先生，这 10 年来，日航可以说在经费节约和人工费削减方面都做了很多努力，现在连奖金都没有。所以我们现在能够削减的东西已经没有了。都削减成这样了，你还要让我们削减，还怎么削减呢？"

但是，那位部长在绩效报告会的时候看到经费削减项目越来越多地被报上来，利润当然随着经费的削减而逐渐增大，他终于改变了自己的想法。公司有了利润，公司内部的气氛就会变得活跃，就会形成一种不论什么事情都向着积极的方向考虑的气氛。利润让员工有了活力、有了干劲。

为了导入部门核算制度而进行的组织改革

在对日航员工进行经营哲学渗透的同时，为了真正在日航导入阿米巴经营，我做了一些准备工作，主要有两个内容：一个是为了导入部门核算制度而进行组织改革，另一个是在日航内部构建了能迅速将经营数字汇总出来的机制。

日航的组织改革，实际上是从 2010 年 4 月开始的。要实行部门结算制度，首先要解决的问题是将哪些部门设定为对利润负责的部门。最初，我想以飞机起降的机场为中心来构建这个组织体系，但后来随着研究和认识的深入，我发现航空业最重要的地方可能是在航线设计上。于是我就开始着手设计将航线设计部门作为关键部门的组织体系方案。稻盛先生也让日航的经营层、企业再生支援机构分别设计了组织体系方案，然后我们在一起对比这三个方案，进行了多次讨论。最后通过比对，大家一致认同了我提出的方案，日航的组织体系改革由此开始了。

之后，日航的组织改革就紧锣密鼓地开始了。5 月，我们在日航设立了以 40 岁左右的管理者为中心的"组织改革项目小组"，对具体的组织体系进行了细化和最终确定，7 月，制定出了组织体系改革报告书，8 ～ 12 月，以经营高管为中心讨论并决定了集团公司的人事调整，最后于 12 月具体完成了组织体系重建。

日航新组织的诞生是在 12 月中旬，但由于部门结算制度的系统当时还没有准备好，所以新组织的正式运转是从 2011 年 4 月开始的。

设立单独为利润负责的新部门

图 2-3 显示的是日航组织体系改革前后的状态。乍一看似乎改革前与改革后差不多，但实际上部门的功能和职责都完全发生了变化。首先，将整个企业组织分成了结算部门的"事业部门"

和从侧面支援结算部门的"事业支援部门"两大类。事业部门有航线统括本部、旅客销售统括本部和货物运输事业本部，并设定新设立的航线统括本部为旅客运送事业的中枢部门。

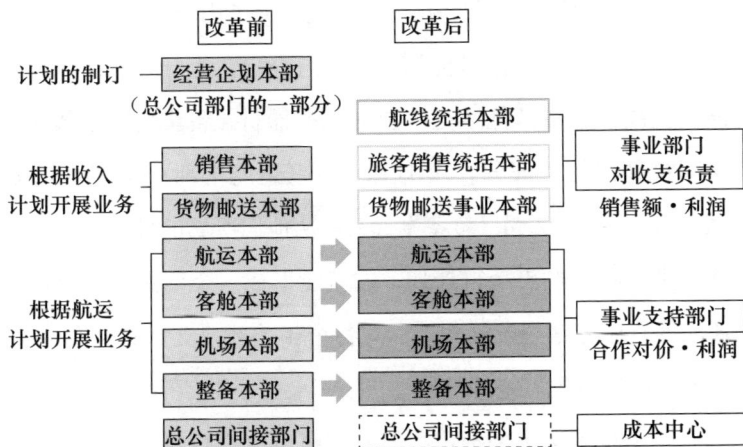

图 2-3　日航的组织改革（2010 年 12 月实施）

航线统括本部将旅客机票销售额作为收入，并负担飞机航行要花费的所有成本，而收入和成本的差额就是航线统括本部的利润。航线统括本部与集团公司的所有其他部门紧密联合制订航线飞行计划，从开始策划到实际航班起飞，对整个过程负责，并时刻关注自己的利润。这样的组织体系的建立和运营，在日航诞生以来据说还是首次。在航线统括本部的下面，又分成国内航线本部和国际航线本部。

事业支援部门则包括航运、客舱、机场、整备等各个部门，为了航班的顺利起飞和运行，向事业部门提供必要的人才和服务的支援，作为补偿，他们从事业部门那里获得合作对价。合作对价是我们在医疗机构导入阿米巴经营的时候使用的概念，通常适用于服务业等看不到产品的行业，比起制造业的"公司内部交易"，在服务业使用"合作对价"这个词则更容易理解。在医疗机构导入阿米巴经营的经验，竟然在这个时候派上了用场。

再来看一下"合作对价"的具体内容。在运行某一次航班的时候，航线统括本部把运行必要的航空器材（经营企划本部＝总公司间接部门的一部分）、运航乘务员（运航本部）、客舱乘务员（客舱本部）、整备人员（整备本部）等从他们所属的各个部门那里抽调出来，制订航班运行计划，这就能形成一个商品。负责销售此商品的是旅客销售统括本部。对各个相关部门支付的合作对价，则是根据航班事先确定好的。

旅客销售统括本部把这次航班的座位销售给旅行社或个人乘客，并从销售总额中获得销售手续费作为收入。从销售收入中扣除支付给旅客销售统括本部的手续费，剩下的就是航线统括本部的实际收入。

本来，事业支援部门是成本中心，但由于我们导入了"合作对价"（在制造业则类似于内部交易）这个概念，它们能够作为结算部门来管理自己的收支情况了。飞行员也好，客舱乘务员也好，地勤人员也好，整备人员也好，都进行自我结算自力更生。全员参与的经营才是阿米巴经营。让每个部门都自力更生，这样看上去似乎有些残酷，但它们如果能感觉到自己为小集团，为阿米巴的收入做出贡献的话，则更容易燃起斗志。另外，我们将公司总部的间接部门设定成了完全的成本中心。

从新组织体系诞生的 12 月起，各个部门都开始围绕如何运转自己的阿米巴而活动起来。阿米巴经营出乎意料地迅速发挥出其威力，就算是在据说从来没有出现过盈利的 2 月，竟然作出了黑字。

设定每一次航班的成本和各种服务的单价

在进行组织改革的同时，我还进行了另外一项工作，就是思考和设计如何"把握每一个航班的收支"。之前日航尝试过把握每一个航班的收支情况，但只有往返航班（札幌与东京之间的航线的话，同一机型同一天的航班，比如札幌—东京和东京—札幌）才能被算出来，而且一般结果出来需要等到 2 个月之后。

把握每一个航班的收支，其中最难的问题应该是如何把握费用。在这个问题上我费了不少心思。收入就决定于飞机票卖出了多少，这比较方便，之前日航也能够进行把握，然而费用方面，该如何把握呢？

每一次航班的费用里面，有飞行员的费用、客舱乘务员的费用、机场服务费用、整备费用、飞机折旧费用、燃料费用，等等。之前日航的做法是将一个月实际的费用算出来，然后按照当月飞行的航线和航班来分摊，因此这个过程需要花费很多时间。我的想法是直接定好一次航班各项费用的单位价格。

关于问题的具体解决办法，我要求各个分部拿出方案。当时我只是提出了两个要求：其一，单价的决定必须给出合理的解释说明；其二，由于单价随着市场价格随时会发生变化，所以要求单价决定系统能够迅速地对应价格变动。令我感到欣慰的是，各个本部都非常积极认真地思考，并很快就交出了令我满意的答案。实际上，对于如何来设计单价决定系统，各个本部早就作了一些准备。

各种费用的单价决定之后，我们就马上进行了能够迅速计算各航线、各航班费用的核算系统的研发。在这个核算系统的帮助下，我们在航班出发后的第二天，便能迅速把握这次航班的收支状况。航线负责人可以每天确认每次航班的收支情况，发现问题的时候能够迅速对应，为提高利润也可以迅速采取对策。

另外，为了让阿米巴经营更好地运行，我们还在日航导入了KCMC 的软件包"The Amoeba 结算系统"。这个系统能够迅速计算出各个部门的实时绩效，并能够随时形成和导出阿米巴的结算表。

根据预约状况来选择最合理的机型

从 2011 年 4 月开始，部门结算制度正式开始运营，再加上航班收支核算系统的确立，日航所有部门都开始正式实行部门结算制度。因为每个部门的月度收支明细都能及时地被计算出米，所以越来越多的底层员工开始关注公司和部门的利润，并自觉地积极思考提高利润的方法。

尤其是航线统括本部，国内航线和国际航线分别按照地域各自分成六个组织（阿米巴），每个组织的负责人每天都认真地检查每一次航班的收支信息。现在，日航一天差不多有 1000 多个航班在运行。由于能清楚地把握每次航班的收支状况，因此每个组织能够及时地思考怎样做才能让航班的入座率上升，怎样做才能提高自己的利润，并能够及时地做出调整，实施对策。

根据前一天的机票预约状况，比如能乘坐 300 人的飞机的预约率是 50%，那就临时将机型进行变更，换成可以乘坐 160 人的小一点的机型。这样，入座率就可以达到 90%。机型变小了，客舱乘务员的人数也可以减少，燃料费也可以减少，支付给机场的着陆费用也可以减少，机场的设施使用费，以及飞机整备费用都可以削减。如果发现旅客人数很多，原有机型不能对应，那就临时变更为较大一点的机型，让更多的乘客可以乘坐。也就是说，日航的航班运营变得更加富有弹性，对于现场的问题能够迅速地对应。到日航破产前，只要航班和机型等确定下来了，不管机票销售情况如何，即便是只有寥寥几个乘客，大飞机都是按照预订照样飞行的。可以说，破产前和现在，这当中的变化非常明显。

当然，在变更机型的时候，航线统括本部需要得到整备本部的支持，因为机型变更了，飞行员也需要随之变更（通常，一个飞行员只能驾驶一种机型），所以也需要得到航运本部的支持，因此公司业务的开展需要内部各个部门之间的交流和沟通一直保持通畅，需要多个部门迅速地共同参与。在以前，日航内部部门间这样的沟通和合作几乎是没有的。产生这样的变化，可以说是我们的经营哲学在日航内部得到渗透的结果，是公司内部各个部门之间交流沟通得到优化的结果，更是"利他之心"在日航员工心里生根发芽的结果。

在机场本部，员工们也做了很多现场的改善。比如陈列在机场大厅里的航班时刻表等，在以前，为了省事省力一般都是一次在指定位置放很多，但实际上大部分都没有被使用，最终因为航班时间的调整而废弃。为了消除浪费，机场本部的员工彻底调查研究了实际需求，减少了每次放置的数量，增加了补充的次数。这样，航班时间表等册子的废弃率得到了大幅降低。取得这样的成果，也是因为机场本部对各类宣传册子的单位成本都做了明确的制定，提高了员工的成本意识。

不仅仅是在降成本上，在提高服务质量、扩大销售额上面，我们也做了努力。比如如果商务舱里还剩余空座，就在办理登机手续柜台或登机口处为乘客提供座位升级服务，以此来提高顾客满意度，扩大销售额。

另外，在客舱本部，客舱乘务员实行了减少自身行李的措施。飞机的负重减轻了，就可以降低燃油费用。客舱本部在办公室里都放了体重计，倡导每人每次少带500克的行李。国际航班的乘务员也将随身携带的大瓶洗发水换成了小包装，据说现在正鼓励她们在到达地当地购买。500克，看起来微不足道，但成田机场和羽田机场加起来，乘务员一共约有4500人。每人每次少带500克，那累计起来就是2吨。所以从总体上来看，降成本的效果还是非常明显的。

稻盛先生曾经对客舱本部的干部说过下面的话：

"国际航线上，你们要和旅客们一起待 5 个小时甚至 10 个小时，这时，如果我们能够提高服务质量，为旅客提供完美的服务，再去进行机舱内免税品的销售，进行购买的客人肯定会增多。也就是说，我们要抓住机会积极努力、好好利用与客人待在一起的时间，除了提供优质的服务，也让客人们买到好的商品。"

听了稻盛先生的话之后，那位干部对每次航班的机舱内免税品销售额设定了销售目标，并开展了多次业务比武，对业绩优秀的乘务员实行表彰等活动，大大促进了免税品销售额的提高。

飞行员也通过选择航线来降成本

飞行员所在的运航本部也开展了在确保安全的前提下最大限度降低燃油经费的工作。他们根据气象条件等选择出适用于当天用最少燃油就可以完成飞行的航线，每个飞行员也都带着"节约燃料"的意识完成一次又一次的飞行。比如在起飞前，如果起飞时间延误，由于飞机的发动机不可能因延误等待而关闭，这就会造成燃油的浪费。因此航运本部就积极获取机场本部的支持和帮助，在登机时刻结束之前一定让所有乘客都能登上飞机，以保证航班按时起飞。日航的国内航班每天有几百次，只要每次航班能节省几万日元的燃油费，那加起来就是一个不小的数字。

整备本部也同样积极开展了降成本的工作，并取得了巨大的成果。比如通过重新测算作业员的行动路线，将使用频度较多的工具尽量放到伸手可及的地方，这就大大缩短了取工具的时间，提高了工作效率。将这些缩短了的时间换算一下，一年竟然相当于节省了一个人的人工费。同时，整备本部也开始接收其他部门的一些器材修理工作。听说有一个部门的碎纸机坏了，他们没有去买新的，而是拜托整备本部的人进行修理，结果节省了近40万日元的经费。

另外，整备本部还开展了尽量不购买新零部件的工作。整备工厂里总是会有正在点检维修的飞机。其他飞机需要更换零部件的时候，整备本部就从闲置飞机上取下能继续使用的零部件来用，这样就大大减少了零部件仓库的存货成本。这其实就是把闲置飞机当成了零部件仓库。将零部件取下来再装到别的飞机上去，这对整备人员来讲可能是费了两道工序，但对于新手整备员来讲，这却是个非常好的学习和实践的机会，真可谓一箭双雕。

让阿米巴经营发挥出本色的东日本大震灾

在2011年3月发生的东日本大震灾的救灾行动之中，阿米巴经营发挥出了其巨大的威力。

大地震发生当天的深夜，公司确立了全力支援灾区、尽可能地将经营资源向东北地区集中的方针。第二天，以航线统括本部为中心，日航重新编制了整个航班体制，在东京—山形机场之间增加了多次临时航班（仙台机场由于受灾而无法使用，公司就将距离仙台最近的山形机场作为替补机场来使用）。

　　然而山形机场是一个每天只有 4 个定员 50 人的小型航班起降的小机场。日航当时增加的临时航班，都是能乘坐 300 人左右的波音 767，飞机本身比较大，而山形机场里既没有可以供波音 767 上下客用的台梯，也没有在波音 767 着陆时能够牵引飞机进入停机坪的台车，以及可以供波音 767 使用的装卸托运货物的台车。这个时候，日航的现场飞速地运转，波音 767 起降所需要的所有设备都被迅速地运往山形机场，从 3 月 19 日起，波音 767 就已经可以正常在山形机场起降了。

　　从大地震发生的第二天到 2011 年 7 月 24 日为止，日航向东北灾区增发的临时航班多达 2723 架次，有空座的时候就将空座免费提供给志愿者义工，并提供了免费运输救援物资的服务。在阿米巴经营的体制下，现场灵活地解决处理了各种突发事件。

　　因为公司当时制定了在东北新干线恢复通车之前增发临时航班的方针，所以在通往灾区的陆路交通差不多恢复的 7 月，日航取消了临时航班，恢复了原有的固定航班体制。从日航在此次东日本大震灾中的应对来看，现场详细分析了每一次临时航班的需求，并根据实际需求灵活地调整了航班数量和人员配置，并在一定程度上确保了每次航班的利润。在这样史无前例的巨大突发事件中，能不能准确预测市场需求，并根据需求制订详细的航运计划，这是航空公司能否确保收益的关键。阿米巴经营的导入，已经让日航形成了无论是在什么情况下都能确保获得利润的经营体制。

稻盛和夫

关联公司从本体依存中脱离

不仅在日航本身，在日航的关联子公司，从 2012 年 8 月起我们也开始了每月的集团绩效报告会，并导入了部门结算制度。

破产前，日航集团有超过 100 家关联子公司。破产后，经过整理整合和筛选，最后能够继续留在日航集团里的仅剩下了 51 家，几乎每一家的经营都是赤字。迄今为止，日航的关联子公司的定位是"支持母公司工作"。关联子公司的经理从日航总公司那里获得指令，然后按照指令来执行，这就是他们工作的全部。因此可以说，每家子公司都不是真正的企业。不但关联子公司的所有利润最终会被集团母公司吸收，有时甚至为了帮助母公司实现减员增效，子公司自告奋勇地成为接收母公司下岗人员的收容所。

稻盛先生和我都认为："不论规模多小，只要还是一个企业，那就要考虑永续经营，否则企业就不能保证员工的生活。因此只要是企业，就必须追求经营利润。"因此，我们单独地召集了日航集团里所有的关联子公司，确立了跟母公司同样的绩效报告会制度。"关联子公司只要还是一个企业，就必须实现从集团公司的经营中自立。虽然是子公司，但让自己的员工吃饱饭，这是总经理的责任。"就在我们不断地灌输这种思想的过程中，关联子公司的经理们的意识逐渐地发生了变化。

现在，每家关联子公司都以"实现独立自主的经营"为目标，并在日航集团外部的市场开始拓展新业务。与日航集团母公司之间的交易，由原来的"人工费＋经费＋利润"的工资表方式，变成了以市场价格为前提的定价机制。自然而然地，关联子公司的经营目标，由原来的"为降成本做出贡献"变成"为集团公司的合并利润做出贡献"。

经过了以上变革，原来在合并结算上总是拖集团公司后腿的关联子公司，除了一些在海外具有特殊职能的子公司外，在 2012 年都实现了经营黑字，为实现"为集团公司的合并利润做出贡献"的目标迈出了坚实的一步。

阿米巴经营实现了日航的再生

航空业，根据季节的不同经营业绩变动很大。7～9 月是旅游旺季，所以绩效非常好，每年的 2 月却是航空业的低谷。据说日航成立以来，从来没有在 2 月实现过经营黑字。在赴任日航之后，我对日航的干部们说："2011 年的 2 月，我们可能很难实现经营黑字，但 2012 年 2 月，我们一定要实现它！"当时就有个干部发言道："森田先生，如果真能实现黑字，那可是奇迹啊！"实际上，我们在日航导入阿米巴经营、完成组织体系改革的 2011 年 2 月，竟然实现了经营黑字。奇迹真的发生了。

图 2-4 显示的是再生重建计划实施第二年（2011 年）的经营业绩。从这一年开始，阿米巴经营被正式导入日航，而且日航的"年度计划"也被变更成了"Master Plan"。Master Plan 是在 2011 年 2 月下旬制定出来的，谁也想不到在 3 月就发生了震惊世界的

东日本大震灾。结果，因为经营预测无法进行，经营计划也无从规划，制订的 Master Plan 也变成废纸，需要重新进行制订。当时，公司内部虽然有"在这种状况下想必要出现赤字"这样的声音，但由于企业再生支援机构设计的再生重建计划里面当初设定的营业利润目标是 757 亿日元，因此在大震灾发生这种特殊情况下，我们保守地将 2011 年度 Master Plan 的经营目标定在了 757 亿日元。

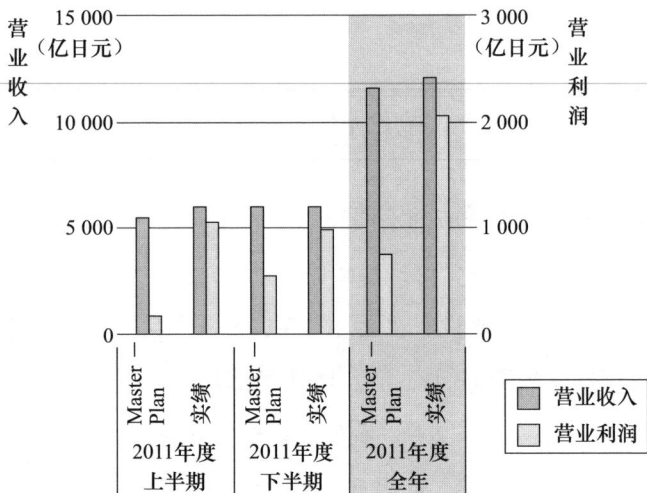

图 2-4　日航 2011 年度的计划和实绩

大地震发生以后，来日本的旅客、观光客骤然减少，经营环境变得极端恶劣。4 月，正如预想，经营业绩很是惨淡，但从 5 月开始，日航的经营业绩就开始迅速回升，到 2012 年 3 月结算的结果，销售额虽然比 2011 年度减少了一些，但营业利润竟实现了 2049 亿日元，销售额利润率竟高达 17.0%。紧接着 2012 年度的销售额达到 1 兆 2388 亿日元，营业利润额到达 1952 亿日元，销售额利润率达到 15.8%。这期间由于日元贬值的原因，日航利润的确受到一些影响，已经停发了很久的奖金也得以重新发放，日航实现了伟大的复兴。

阿米巴经营给日航带来的最大的变化是什么？ 2013 年 2 月 22 日的日本经济新闻刊登了下面一段文字，这是日航集团会长大西先生在回答记者提问时说的一番话。

日航的大西贤会长本来认为阿米巴是"实现收支管理彻底化的管理系统"，但在日航导入阿米巴经营之后，大西会长被阿米巴经营的巨大威力惊呆了。

"实际上你们赢啦！"这样的比赛结果如果是在比赛结束两个月之后被告知，估计没有队员会因为胜利而兴奋。迄今为止，3 万多人的团体赛，每个人都不知道自己到底为比赛贡献了多少。但如今，10 个人的小组，每个月都能知道绩效如何、结果怎样。"我们赢啦""这次好遗憾"，每个员工时而兴奋，时而悲伤。以前的日航是一个不会哭也不会笑的组织，而现在在导入阿米巴经营之后，变成了一个活生生的企业。

日航经营改革的成功，是经营哲学和阿米巴经营实践带来的结果。在稻盛先生的带领下，日航的全体员工都关心企业的经营，立志提高企业利润，改善服务质量，在每个岗位进行小小的改善和改革，这些小小的改善和改革的结果汇集起来，最终生成了巨大的成功。从这一点来看，是全员参与的经营彻底改变了日航。

第 3 章

从导入企业案例中
学习阿米巴经营

在本章和第 4 章，我想通过介绍一些导入阿米巴经营的实际企业案例为题材，来介绍实行阿米巴经营的要点。阿米巴经营在多行业、多领域得到了运用，在本章中主要介绍制造业企业，在第 4 章中主要介绍一下最近导入企业突然增多的医疗护理行业的案例。

案例 3-1：荻野工业用强筋健体度过雷曼兄弟危机

总部位于广岛县熊野町的汽车零部件制造企业荻野工业株式会社创业于 1957 年。从 1959 年开始，作为东洋工业（之后的马自达汽车）的合作工厂，主要为其生产汽车发动机、变速器中的零部件，后来企业经营逐渐依附于马自达，依赖程度高达 90%（销售额的 90% 来自向马自达供货）。

该企业是在 1999 年导入阿米巴经营的。当时，企业接到了来自马自达公司的通告，自 2001 年起，马自达公司将开始实行零部件的"全球最优调配"。此前，马自达公司一直是从合作工厂那里采购零部件，而实行"全球最优调配"之后，只要零部件能够达到马自达公司要求的质量、价格和供货期限等条件，无论曾经是不是合作工厂，无论在世界的哪个角落，都可以成为马自达公司的零部件供应商。

此通告的到来，给荻野工业的经营层带来了很大的冲击。迄今为止，荻野工业接收了马自达公司总部的干部，并任命其为工厂厂长，而且只要按照马自达公司的要求和意愿来工作，总是能从马自达那里接到稳定的订单。现在的这则通告却明确地宣布了：

今后，迄今为止的这种温情主义将不再有效。

就在那个时候，日产汽车公司也因经营不善负债累累，被雷诺汽车公司注资。马自达公司也一样，经营状况恶化，处于非常痛苦的时期。据说马自达的经营者们当时也曾经想过与当地的合作企业、合作工厂一起齐心协力渡过难关，但由于整个汽车行业的经营环境日趋恶化，马自达的母公司美国福特汽车公司就派了一个外国人经理来具体负责马自达的经营。这个外国人一上任，就演练出了一套比较无情的经营手法，而"全球最优调配"就是其中最典型的一个内容。

1995 年完成家业接班的荻野工业的第二代经理荻野武男将这件事情定位为"公司创立以来最大的危机"，认为"马自达公司今后为了自己的生存，为了制造出高质量、低价格的产品，必将采取精简、筛选下游供应商的做法"。

荻野工业在切削加工技术方面有一定的优势，在熊野町和吴市有两个工厂，销售额最高的时候能达到 40 亿日元。由于迄今为止每年都有稳定的订单，上至干部，下到员工，对利润的意识比较淡薄，销售额利润率仅仅维持在 2% 左右。经营绩效的结算管理也非常粗放。如今，在这个全球化的大竞争时代，要想存活并在竞争中取胜，必须改变现有的经营状况。正当荻野强烈地认识到这一点的时候，他遇到了阿米巴经营。

实际上，当时马自达公司的另外一家合作企业已经导入阿米巴经营并取得了巨大的成果。荻野跟那个企业的经营者非常要好，在那位经营者的推荐下，前来参加 KCMC 举办的经营者学习会，

稲盛和夫

并最终决定在荻野工业导入阿米巴经营。

在访谈中浮现出的大量课题

我们在为企业导入阿米巴经营的时候，最初进行的工作必定是对企业的干部、员工进行调研访谈。当时，我们公司的两个咨询师，对荻野工业的每个部门的干部和员工，一共约 30 个人做了近两个月的调研访谈，每个人的访谈时间约为 60 ~ 90 分钟。调研访谈的目的，是把握各个部门的功能、业务内容和职责，工作的流程，各个负责人的权限和义务，以及公司的指挥命令体制、目标管理制度等。

在荻野工业做完调研访谈后，我们的印象就是员工们都非常认真，且非常敬业，但对公司的结算意识可以说是完全没有。他们只是在默默地完成交给他们的工作和任务，并在规定的交付期限内全力进行生产。他们的工作目标仅仅是产品的数量和交付期限，因此他们的意识里面完全没有提高利润改善绩效等概念。

在结算管理方面，荻野工业虽然有两个工厂，但每月的利润表只反映公司整体的状况。而且利润表基本上在两个月之后才被计算出来，还只对公司高管公开。

对于经费开支方面，并没有明确的管理制度，因此即便是看到了最后的经营数字，也不能清楚地把握到底是哪个产品在赚钱、哪个产品在亏损。

通过调研访谈，我们理顺了荻野工业存在的以下问题。

调研访谈的分析结果

（1）公司全体。组织没有按照功能进行划分，各个部门的功能和职责并不明确。

（2）运营体制。存在降低对马自达公司依存度的意识，却没有开拓新客户的营销团队和营销能力。

（3）定价。定价一般是经营者根据以往交易的经验和感觉来操作，而不是制造部门制定的价格。也就是说，从定价的时候起就没有考虑如何才能实现利润最大化。

（4）制造部门。大部分现场都有对每天的生产计划进行进度管理，但这种管理仅仅是数量上的把握，而没有金额上的把握。现场有提高产能、降成本的改善活动，但没有人知道这些努力具体给公司的经营带来了多少利润，因此现场的结算意识淡薄。

（5）物品的采购。物品的采购在各个现场进行，没有对购买票据的检查，从办公用品到生产用具，各个现场存在着大量的采购浪费。与生产相关的原材料采购，由于是管理部门负责，制造部门完全没有成本概念。

（6）实绩管理。经费支出的实际数据是在每月 10 日根据收到的上个月的付款通知书计算出来的。管理部业务课对付款通知书和购入品清单进行对照核实之后，由财务人员拨款给相关公司或单位。这些工作都是通过手工操作进行的。因此，每个月的利润表最快只能在下个月的月末才能制作出来，没有形成即时分析经营活动的体制。

（7）部门的经费实绩把握。主要原材料、辅助材料、消耗工具、一般消耗品、办公用品等的经费实际支出额度，只是在公司整体水平上有把握，有时也会有每个供应商的数据。各个部门的经费具体执行情况，由于没有相关的制度和体系，无从把握。很难让每个部门自己来控制自己的经费。

（8）存货管理。在产品入库的时候，有将入库单与产品实物进行核对的程序。但在发货的时候，却往往没有发货凭证。制造部门可以自由出入仓库。因此公司并没有实行正确的仓库管理。

（9）会议体制。公司没有全体的经营会议。经营者也从来没有将销售部门、制造部门、管理部门负责人召集到一起讨论企业经营。现场发生的问题很难传达给经营者和其他部门。公司内部并没有团结在一起解决问题的气氛。

在这里再补充一下，首先是关于"定价"，这是企业经营最重要的部分。订单的价格决定了公司利润额，定价太高顾客不接受，定价太低则自己没利润。所以需要找到买卖双方都能满意的那个点。为了寻找到这个点，需要制造部门认真地做好估算，并确认能够切实地获得利润。但这家公司，并没有这样的流程，社长或销售部门负责人仅仅凭自己的经验来定价，那经常会让公司无利可图。

再就是关于"物品的采购"，这家公司的状况非常混乱。比如我们看到装有切削金属用刀片的盒子像小山一样堆放在车间架子上。仔细看一下架子，发现在一个高度的位置被画了一条线。我们问："画这条线是做什么用的呢？"对方回答说公司有规定：当盒子减少到了这条线的位置，负责人就需要采购刀片进行补充。车间里使用的刀片有好几百种，而每一种都通过这条线来进行管理。

还有，由于发现办公用品在各个部门的抽屉里有很多剩余，我们的咨询师对获野建议说："一个月不要购买新的办公用品。"结果即便是没有购买新的办公用品，公司的运行也没有因办公用品不足而出现问题。因为有很多，所以大家都不去珍惜。办公用品是这样，原材料也是这样。统一集中购买的确可以降低单价，但浪费增多了，反而会使成本上升，再加上还有存货成本，最终会使成本增加。

明确结算部门，进行组织改革

通过调研访谈，我们明确了该公司存在的问题之后，先是对公司组织的改善进行了提案。

阿米巴经营，要求每个员工都带有积极主动性、有活力地工作，各个部门（阿米巴）作为一个独立的经营体进行独立自主运作的同时，也作为公司全体中的一部分来实现自己应有的功能。也就是说，通过每个阿米巴独立自主的活动，实现公司全体的活性化。

因此如果要运行阿米巴经营，就必须做到下面重要的四点：①明确各个组织的功能和职责；②明确结算部门和非结算部门；③建立并运行双重检查机制；④确立公司运作与实际结果有直接联系的组织体系。

首先，阿米巴经营对销售、制造、研发、管理部门的基本功能有以下这样的认识。

销售部门

功能：获得订单，交付产品，回收货款。

职责：确保订单和销售额的达成、扩大和回收。

确保利润和单位时间附加价值的提高。

制造部门

功能：创造并提供产品价值。在实现高质量、严守交付期限的同时，生产有竞争力的产品。

职责：对附加价值的产出和提高负责。

供应能被市场接受的产品、被市场信任的产品，确保利润和单位时间附加价值的提高。

研发部门

功能：开发新产品、新技术，向制造部门提供新产品价值，并提供支援。

职责：利用有限的时间和经费，开发出有竞争力的新产品和新技术。

管理部门

功能：支持结算部门的经营。

传达和渗透公司的经营理念和经营方针，制定和运行公司的管理制度。

职责：对管理制度的彻底执行负责，把握公司整体的状况，为公司稳健经营献计献策。支援利润和单位时间附加价值的提高。

大幅强化销售能力

根据上述基本认识，我们对荻野工业提出了构建全新组织体系的建议，并进行了实施。图 3-1 则是其概念图。

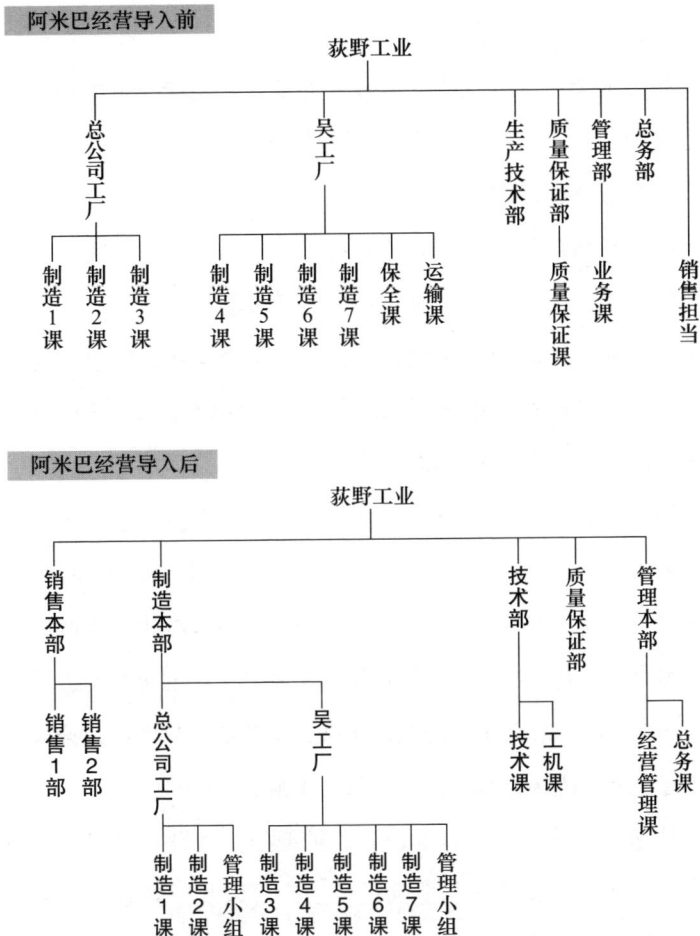

阿米巴经营导入前

荻野工业

- 总公司工厂
  - 制造1课
  - 制造2课
  - 制造3课
- 吴工厂
  - 制造4课
  - 制造5课
  - 制造6课
  - 制造7课
  - 保全课
  - 运输课
- 生产技术部
- 质量保证部——质量保证课
- 管理部——业务课
- 总务部
- 销售担当

阿米巴经营导入后

荻野工业

- 销售本部
  - 销售1部
  - 销售2部
- 制造本部
  - 总公司工厂
    - 制造1课
    - 制造2课
    - 管理小组
  - 吴工厂
    - 制造3课
    - 制造4课
    - 制造5课
    - 制造6课
    - 制造7课
    - 管理小组
- 技术部——技术课
- 质量保证部——工机课
- 管理本部
  - 经营管理课
  - 总务课

图 3-1　荻野工业的组织图

注：黑体字是结算部门

103

首先，我们将销售本部和制造本部设定为结算部门，将其他部门设定为非结算部门。阿米巴经营要求实行部门结算制度，所以有必要将为公司获得利润的结算部门和支持能够获得利润部门的非结算部门明确区分开来。结算部门则需要对自己部门的利润扩大负责。

与之前相比，有这样几个较大的变化：之前，负责销售的是总经理和一个负责人（兼职），而销售部作为一个部门并不存在。之所以会形成这样的营销体制，主要是因为迄今为止公司的业务完全依存于马自达公司。但是马自达公司已经宣布要实行全球最优调配制度，所以获野工业必须拓展新市场、新客户，这就必须强化企业的营销能力。因此我们新设了销售本部，将原来的马自达关联的业务放在了销售1部，而将马自达以外的业务放在了销售2部，并分别安排了负责人。

对于制造部门，迄今为止总部工厂和吴市工厂之间基本上没有什么联系，各自运营。我们对这两个工厂进行了整合，将生产技术部门合并到一起形成制造本部，确立了能够发挥出整个制造部门综合实力的体制。进而，我们还明确了各个工厂的每个制造部门的结算制度，比如总部工厂的制造1课，就按照产品生产线分成了气门导管小组、链接关节小组、轴承盖小组等29个阿米巴。

技术部门整合了原有的设备维护部门，并设立了制造设备责任窗口，将从新设备的制造到设备的改善以及保养等一系列业务的责任都进行了理顺和确认（技术部门在最初10年作为非结算部门运作，10年后变更为结算部门）。技术课负责新订单产品从设计到进入量产的整个过程，并从生产总额中提取技术支持费用。公司的新品研发也由技术课进行投资，并从新产品的销售额中获取技术支持费用。工机课则从制造部门的各个阿米巴那里获取工具制造、设备维护和修理等的各种订单任务，并从当事阿米巴那里收取相应的费用。就这样，在技术部门里面，通过让收入和费用出现，我们在最初 10 年试运行阿米巴，并在 10 年后完成了其从非结算部门到结算部门的转变。

另一方面，为了实现各个工厂的独立自主的经营，我们又将工厂里的制造支援业务人员（如负责工厂的设备点检、设备移动、工厂实绩的整理核算等生产制造支援工作的员工）在每个工厂里分别汇总成一个管理小组，他们主要负责交付期限管理、材料准备等生产管理业务，以及工厂实绩的整理核算业务等。在以前，生产管理主要是由管理部业务课来负责的，如今，这些设置在每个工厂的管理小组承担起生产管理的功能，并成为制造部门订单受理窗口。这样一来，材料准备和交付期限等的管理就更加容易考虑工序状况和结算状况，管理也就变得更加方便和合理。

推行阿米巴经营的关键部门的设立

管理本部，既要支持财务部门的经营，又要对制定和各种管理制度的彻底执行负责，还需要从公司整体的角度把握整个公司的经营状况并提出改善建议，是一个非常重要的部门。因此，我们将荻野工业的管理本部在组织构架上的地位做了明确。管理本

部由经营管理课（负责实绩管理、物流管理、信息系统、采购等）
和总务课（负责总务和财务）构成，全面负责阿米巴经营运行的
规则管理，各个部门实绩的统计和核算、经营会议的召开和运营
等，是推进阿米巴经营的关键部门。

另外，由于以前公司的采购管理并没有做到位，我们对经营
管理课的职能做了一些调整，由经营管理课来负责物品采购的管
理，并设定了"物品和票据的一一对应原则"。票据就等于现金，
物品移动的时候，票据必须跟随物品移动。阿米巴经营是根据票
据来统计核算实绩的，因此如果只有物品移动，或者只有票据移
动，必将产生实际状况和账面不符的现象。

如果想购买物品，首先到经营管理课提交购买申请，写明物
品名称、数量、希望到货日期以及价格范围等，由经营管理课来向
外面的相关企业发出订单进行采购。对方相关企业的选定、价格和
交付日期的沟通和确认，以及订单的发出，都由经营管理课负责。

将采购业务统一集中到经营管理课进行管理，有以下好处：
采购成本的削减，发出订单的管理，采购预算管理的一元化，采购
部门和物品使用部门的内部相互牵制（双重核查），采购信息的
一元化等。

阿米巴经营基本规则的设定

在运行阿米巴经营，设定其基本规则的时候，下面四点十分重要。
（1）部门活动的实绩通过结算表反映出来。

（2）公平公正且简洁。

（3）物品和票据必须一一对应。

（4）实绩和余额必须对应。

围绕自己的职能，各个部门开展工作的结果，如营业额、经费、劳动时间等，都必须作为实绩来进行正确的记录和核算。如果这个地方出现错误，那估计没有人会想去努力将数字变得更好。要得出信赖程度高的数字，就必须实行物品与票据一一对应原则。要真正做到公平公正，统计和结算票据，根据票据来核算实绩的部门，必须是与相关部门没有利益关系的管理部门。

而且为了正确地把握各个部门的经营状况，游戏规则必须做到公平公正。想要实现真正全员的经营参与，就必须设定出谁都可以理解的简洁明了的规则。

数字一般来讲都是实绩和余额。实绩核算出来的时候，每个实绩都会对应着一个余额（比如未交付部分、存货部门），这两者也必须保持对应。

结算部门盈利概念的调整

在荻野工业导入部门结算制度的时候，最关键的问题是如何设定各个部门的收入。在荻野工业，从马自达汽车公司拿来订单之后，只要根据订单的图样、规格要求进行生产制造就可以，因此属于"接单生产方式"。

在这种接单生产方式中，负责进行预测预算的是制造部门。

以前，荻野工业获取订单时，价格是社长或销售负责人根据"感觉和经验"确定的，而现在，必须由制造部门来进行正确合理的预测和估算之后再定价。之所以这样做，是因为在接单生产方式中，对于客户要求的产品必须从技术和生产的角度来看每一种产品的规格和样式，需要高度的技术经验和制造经验。只有制造部门将估算和预测做出来之后，销售部门根据制造部门的估算报告作成报价单，然后通过与客户的交涉和沟通，最终确定签约价格。

制造部门在生产完订单要求的所有产品之后，按照签约价格来核算本部门的生产总额。根据制造部门的生产总额，销售部门按照一定的比例来提取手续费。在荻野工业，销售部门提取手续费的比例，我们设定为5%。

对于荻野工业这样的供货商来讲，5%的手续费应该说是很高的水准。但荻野社长立志要实现"从零部件供应商蜕变成零部件制造商"。这5%的手续费，表现出了荻野社长坚定的决心。实际上，在后文中还会介绍，就是荻野工业的这种积极改变的态度和欲望，让荻野工业确确实实地变成了一个强健有力的企业，即便是在外界经营环境变得恶劣不堪的情况下，也不会简简单单地就陷入赤字。

销售部门将从制造部门那里提取的手续费作为自己的收入，从这个收入之中减掉经费成本，则是销售部门的差额收益。

前面多次提到，结算表里面最重要的数据是差额收益和单位时间附加价值。差额收益是指一个阿米巴一个月的活动所获得的附加价值总和，是这个阿米巴从事事业的价值体现。单位时间附加价值，表示的则是阿米巴每个小时所能创造出的附加价值（见图 3-2）。

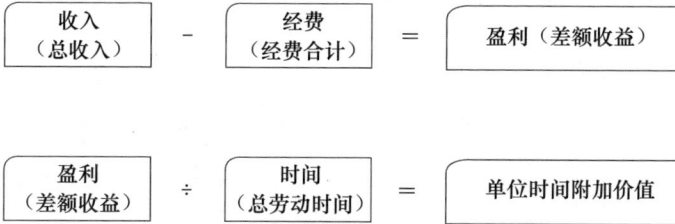

图 3-2　差额收益和单位时间附加价值的核算

阿米巴经营不是单纯地追求利润，而更加注重对社会的贡献。进行辛勤地劳作，开发出符合客户需求的产品和服务，并降低成本，扩大销售，这些活动的最终目的是为人类社会做出应有的贡献。

要提高单位时间附加价值，就要在提高产品和服务的同时，提高部门内员工的综合能力，提高部门的凝聚力，提高部门作为一个整体的素质和能力（见图 3-3）。

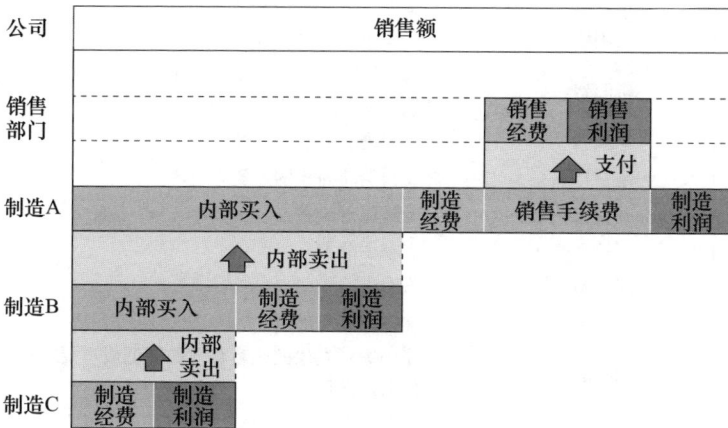

图 3-3　销售和制造的盈利概念

表 3-1 和表 3-2 是我们在荻野工业导入的结算表的说明。因为销售系统和制造系统的结算表内容不一样，所以分成两张表来展示。

表 3-1　销售本部、管理部、总务部结算表项目一览

	项目	项目说明
1	订单总额	当月的订单额
2	销售额	当月的销售收入
3	总收益	部门的收入（"2 销售额"×"手续费比率"）
4	扣除总额	部门运转所需要的经费合计
5	差旅费	国内外差旅费，出租车费用等交通费
6	通信费	电话费，传真费，材料邮寄费
7	运费	向顾客发送货物的费用
8	广告宣传费	公司介绍，日历制作费，招聘广告
9	接待招待费	与客户企业的交际费，餐饮费，节日礼品费
10	水电费	电费，水费，煤气费
11	办公用品消耗费	办公用品费，发票费，信封费，名片费，不足 10 万日元的消耗品
12	各种税费	印花税，汽车税，汽油税，事业税
13	租赁费	土地（停车场），员工宿舍
14	租用费	复印机、传真机等
15	折旧费	10 万日元以上的设备、工具、物品、车辆、建筑物、附属设施等
16	福利费	公司聚会补贴费，茶水费
17	杂费	支付给小时工的工资等
18	其他杂费	上述以外经费
19	手续费	汇款手续费
20	保险费	汽车保险
21	团体会费	业界团体参加费
22	CR 费	用因突然发生的来自客户的降低成本要求而发生的对应费用
23	营业外收益	主营业务之外的收益
24	营业外支出	主营业务之外的支出

（续）

	项目	项目说明
25	其他	不能归属于任何部门的公司全体的费用
26	内部技术费用	支付给生产技术部门的版税
27	部门内负担	部门内的间接部门费用
28	部门间负担	质量部门发生的费用
29	总公司费用	总公司管理部门、总务部门的分摊费用
30	差额收益	部门运转创造的附加价值（"3 总收益"－"4 扣除总额"）
31	（差额比率）	差额收益占总收益的比率（"30 差额收益"÷"3 总收益"）
32	总劳动时间	部门每个人劳动时间的合计（33～41 的总和）
33	法定时间	本部门人员法定的劳动时间合计
34	合作	部门之间合作的劳动时间
35	加班时间	本部门人员的加班时间合计
36	等同加班	本部门人员的等同加班时间
37	合作	部门之间合作的加班时间
38	劳动时间合计	部门的劳动时间总和（33～37 的总和）
39	部门内负担	部门内的间接部门的劳动时间
40	部门间负担	质量部门发生的劳动时间
41	总公司时间	总公司管理部门、总务部门分摊劳动时间
42	单位时间附加价值	部门的一小时的附加价值（"30 差额收益"÷"32 总劳动时间"）
43	单位时间销售额	部门的一小时的销售额（"2 销售额"÷"32 总劳动时间"）
44	按分人员	按照月初在籍人员的系数计算

注："CR 费"和"内部技术费用"是在阿米巴运行开始 10 年后追加的项目。

表 3-2　制造本部、质量保障部、商品研发部门结算表项目一览

	项目	项目说明
1	总发货	部门的发货总金额
2	向客户发货总额	根据客户的订单进行生产并发货的金额合计
3	内部卖出	向公司内部其他部门的发货金额
4	内部买入	从公司内部其他部门的购入金额

（续）

	项目	项目说明
5	总生产额	当月的部门收入
6	扣除总额	部门运转所需要的经费合计
7	主要材料费用	生产所需主要材料的费用（铸件、压铸、轴承等）
8	辅料费用	生产所需要的辅料的费用（润滑油、切削油、手套、工作服等）
9	外包加工费1	外包给外面其他企业的加工费用
10	外包加工费2	支付给派遣公司的费用
11	内部工具消耗	切削刀片等消耗品工具
12	内部消耗工具费用	与技术部工机课之间的内部交易当中的非固定资产工具的修理费
13	修理维护费	固定资产的修理点检和维护所需费用
14	电费	电费
15	水费、煤气费	水费、煤气费
16	运费、捆包费	公司内部搬运费用、捆包费用
17	差旅费	国内、海外出差费用，交通费
18	接待招待费	与客户企业的交际费，餐饮费，节日礼品费
19	通信费	电话费，传真费，材料邮寄费
20	办公用品消耗	办公用品费，发票费，信封费，名片费，不足10万日元的消耗品
21	实验研究费	与实验研究相关的费用
22	各种税费	印花税，汽车税，汽油税，事业税
23	租赁费	土地（停车场），员工宿舍
24	租用费	复印机、传真机等
25	折旧费	10万日元以上的设备、工具、物品、车辆、建筑物、附属设施等
26	福利费	公司聚会补贴费，茶水费
27	杂费	支付给小时工的工资等
28	其他杂费	上述以外经费
29	内部技术费用	支付给生产技术部门的版税
30	销售手续费	支付给销售部门的手续费（"2向客户发货总额"×"手续费比率"）
31	部门内负担	部门内的间接部门的费用

（续）

	项目	项目说明
32	部门间负担	质量部门发生的费用
33	总公司费用	总公司管理部门、总务部门的分摊费用
34	差额收益	部门运转创造的附加价值（"5 总生产额"—"6 总扣除额"）
35	（差额比率）	差额收益占总收益的比率（"34 差额收益"÷"5 总生产额"）
36	总劳动时间	部门每个人劳动时间的合计（37 ~ 45 的总和）
37	法定时间	本部门人员的法定劳动时间合计
38	合作	部门之间合作的劳动时间
39	加班时间	本部门人员的加班时间合计
40	等同加班	本部门人员的等同加班时间
41	合作	部门之间合作的加班时间
42	劳动时间合计	部门的劳动时间总和（37 ~ 41 的总和）
43	部门内负担	部门内的间接部门的劳动时间
44	部门间负担	质量部门发生的劳动时间
45	总公司时间	总公司管理部门、总务部门的分摊劳动时间
46	单位时间附加价值	部门的一小时的附加价值（"34 差额收益"÷"36 总劳动时间"）
47	单位时间销售额	部门的一小时的销售额（"2 总生产额"÷"36 总劳动时间"）
48	按分人员	按照月初在籍人员的系数计算

注："内部技术费用"是在阿米巴运行开始 10 年后追加的项目。

做出正确数字的规则的制定

为了导入部门结算制度，并进行准确的运用，我们还必须制定好更详细的运行规则。比如，什么时候截止销售额的计算。

制造部门的生产总额，由向外部客户的交付额和公司内部交易的交付额构成。向外部客户交付的额度，是将完成品交付给客户，拿到接收单据并到经营管理课办理完登记处理之后，才真正被计算为交付额度。实绩的截止时间，是每天的下午 5 点；每月的截止时间，是每月最后一天的下午 5 点。

另外，公司内部交易情况，生产加工结束之后，由客户部门做成公司内部生产票据，并将票据和产品一起交付给客户部门。客户部门接收到货物，将公司内部生产票据提交到经营管理课登记后，公司内部交易才算正式完成。实绩登记的截止日与对外部客户交付的情况是一样的。

销售部门获得的订单量，则是从客户那里获得的订单数据，交付期限在一个月之内的，才算是本月实绩订单。记录了订单信息的票据被经营管理课受理之后，订单才作为实绩被计算进实绩订单量。实际登记的截止日，每天到下午 5 点，每月则是到月末最后一天的下午 5 点。

有存货就有利息负担

关于经费，原则就是哪个部门受益，就由哪个部门负担。有时候受益部门很难界定具体是哪一个，这时，就具体分析经费的内容，然后分配给各个相关部门。

购入品（主要材料、消耗品、办公用品等）原则上是商品交付进来的时候计入。但主要材料中通用材料的费用，我们做了特殊规定，就是在发生支付的时候计入经费。因为这样做，我们可以清楚地知道在生产现场材料的投入是否合理，与生产实绩的关系是否存在偏差，因此也就能为现场日后的改善提供数字上的参考。

　　关于人工费用，我们不将其列入结算表。单位时间附加价值结算表是衡量在阿米巴成员的共同努力下所创造出的附加价值大小的资料。正是因为成员们有着共同的目标，所以凝聚力才会发挥巨大的威力。

　　在荻野工业我们没有实行，但在京瓷公司，各个部门还需要负担公司内部的利息。有存货，有固定资产，或者有应收账款，就是等于占用了公司的运营资金。为了强化公司的经营体制，在明确存货、固定资产或应收账款责任部门的同时，通过对责任部门收取利息的做法，可以促使相关部门削减存货，也能促使其尽快将应收账款收回。

新人女性领导者的成功体验成为起爆剂

　　在荻野工业，推动阿米巴经营的主要是 30 岁以下的年轻人。当中，刚刚进入公司一年，只有高中毕业学历的 K 女士被荻野社长提拔为公司最年轻的阿米巴领导者。关于 K 女士的提拔，是我们预料之外的，为此我们公司的咨询师还特意找到荻野社长说："您提拔年轻人做阿米巴领导者这很好，但她还是个新来的员工，这对她来说负担太重了吧？"但荻野社长的回答很坚定："放心，没有问题的。"也许通过仅仅一年的时间，荻野社长就发现了她的潜质和干劲了吧。

　　K 女士领导的阿米巴，成员大多都是与其父母差不多年龄的人。"最初完全不知道该怎么做，就是摸索。"K 女士这样说。首先，K 女士制定了一张"购物明细账"，就像家庭收支表一样，当发生经费开支的时候，就把发生支出的日期和金额记录下来。虽然是一张非常简单的表格，但通过这样的记录，却能清楚地把握什么时候在什么地方花了多少经费。通过这样一段时间的记账，根据形成的经验就可以大概地估算出来当月大概需要多少预算，在月初的时候做好计划，在得到公司的认可之后便进行严格的进度管理。"最初的时候我也完全不知道该怎么做，在跟母亲聊天的时候很偶然地想到了记账这个做法。"K 女士如是说。由于工作的时候会用到润滑油等，记账本也沾满了油渍，字迹也很难辨认，但 K 女士还是一如既往地记录着阿米巴的各种经费开支。

之后，K 女士的记账本不仅记录经费，也开始记录每个成员的劳动时间。特别是加班时间、自己阿米巴成员支援其他阿米巴的劳动时间，以及其他阿米巴成员支援自己阿米巴工作的劳动时间，都作了详细的记录。经过这种细致的时间管理，K 女士把握住了自己阿米巴的劳动时间规律，并开始积极地利用空闲时间支援其他阿米巴的工作。

K 女士的积极劳作，把阿米巴的其他成员们都带动起来了，大家为了完成阿米巴的目标而齐心合力，终于在两个月之后，阿米巴的单位时间附加价值逐步得到改善并开始增加。那个时候，大家都真实地感觉到了阿米巴内部现场氛围和成员积极性的改善。最后，K 女士领导的阿米巴开始能够完成月初设定的预定目标。也就是说，K 女士成功地实施了阿米巴经营的预定管理。当时由于公司里有不少女性阿米巴领导者，K 女士的成功经验在公司内部得到了推广，因此很多部门的绩效都有了明显改善。

导入阿米巴经营 6 个月之后，全公司实现了荻野社长当初设定的单位时间附加价值 2000 日元的目标，并实现了 4% 的销售额利润率（前期为 2%）。

为了从完全依赖于马自达公司的状态中摆脱出来，荻野工业也进行了开拓新客户的行动，并在两年后将营业额中马自达公司的业务份额降低，成功由原来的 90% 降低为 65%。销售额超过50 亿日元，同时大幅提高了销售额利润率。

正当荻野工业的经营绩效开始逐步改善的时候，严峻的考验却突然降临。2001 年 3 月，马自达公司的经营出现了史无前例的巨额赤字，这使得马自达公司不得不进行坚决彻底的经营改革。荻野社长虽然早就知道马自达公司要实行"全球最优调配"，但其力度和影响程度还是大大地超出了预料之外。来自马自达公司的订单急剧迅速大幅缩水，2001 年度荻野工业的总销售额大幅跳水降至 38 亿日元。为了摆脱危机，荻野社长做出了艰难的决定，让超过 58 岁的 21 位老员工提前退休，好歹避免了经营赤字。

之后，荻野工业在生产制造部门一边灵活利用劳务派遣，一边公司上下团结一致开始积极地从马自达公司之外的其他汽车企业和电机电器企业中寻找新客户，同时加紧新产品的研发。终于，公司的业绩开始恢复。2006 年开始公司实施经营哲学教育，效果立竿见影，2007 年实现了 70 亿日元的销售额，并创造了历史上最高的营业利润。阿米巴经营的威力初现，荻野工业的经营从

2001 年的困境中摆脱出来，开始走上正轨。

更加严峻的历练却悄然而至，这就是席卷整个世界的雷曼兄弟金融危机。

用阿米巴经营成功度过雷曼兄弟危机

2008 年 9 月，雷曼兄弟公司破产，并让全球陷入连锁性的金融危机之中。世界经济受到严重冲击，日本经济也没能幸免进入负增长期，并陷入通货紧缩的恶性循环。

2008 年春，荻野社长就感觉到情况不妙，经常在公司会议上说："经济动向有点奇怪，大家要注意，不能放松警惕。"在 9 月金融危机发生后，荻野社长对全公司发出了"如果 11 月的销售额下降到一定的水准，就要进行大动作"的信息。实际上，各个部门对 11 月的绩效都持悲观态度。对此，荻野社长召开了全公司干部的紧急会议，希望重新讨论并制定 2008 年度全年的销售额和利润额目标。会议作出的最终结论却十分严峻："如此下去，必定是赤字。"

紧急会议结束之后，公司干部们马上回到现场，将会议结果带回到各个阿米巴，并与阿米巴领导者讨论对策。现实是残酷的：如果沿用迄今为止的方法，即便大家再努力去削减成本，公司整体还是会陷入赤字。

经过现场阿米巴的反复讨论，最终阿米巴的领导者们制定并向荻野社长提交了一个通过削减劳务派遣工作时间等一切方法来加大降成本力度，力保即使销售额减少三成也能确保公司盈利的方案。对于当时的情形，荻野社长如是说："由于公司经营层和现场紧密

联系，将公司的经营状况和前景预测进行了共享，因此现场提出了
很多有建设性的建议，在这种情况下，作为社长的我能够迅速做出
决断。可以说，阿米巴领导者们带着和我同样的心情在经营公司。"

　　在获野社长的决断下，阿米巴领导者们的方案得到了彻底的
实施。降成本，提效率，凡是能够改善绩效的员工提案基本上都
得到了执行，生产效率竟一下提高了 20%。最终，当年的销售额
虽然只有前期的 75%，获野工业却实现了盈利，确保了经营黑字。
之后的第二年，销售额虽然没有回到危机发生前的水平，获野工
业的单位时间附加价值却重返 1000 日元以上（见图 3-4）。

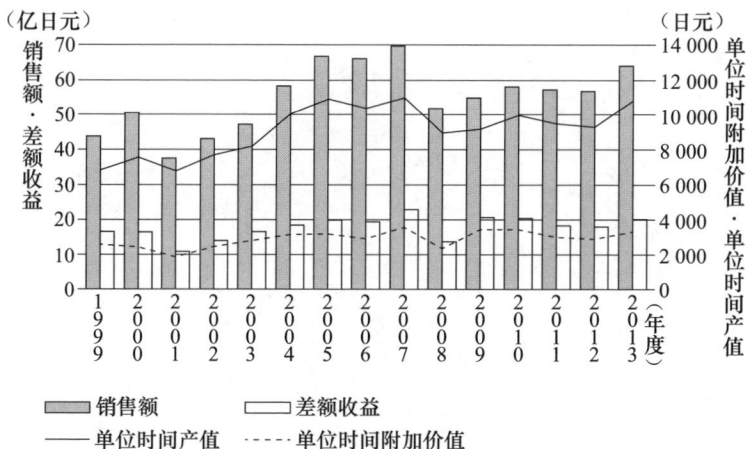

图 3-4　获野工业的绩效变化

对于艰难地度过雷曼兄弟金融危机，获野社长如是说：

　　"为了能让公司顺利地向前发展，就必须在状况恶化之前进行慎
重考虑。所以，这就需要用数字及时准确地把握现场的状态。想要
及时发现问题，并在出现问题的时候迅速应对，就需要阿米巴经营。"

第 4 章

跨行业扩大中的阿米巴经营

即便患者增多，经营依然严峻的医疗行业

由于阿米巴经营本来是京瓷的经营手法，因此有很多人认为阿米巴经营只适合于制造业企业。在第 2 章已经介绍过，日航得以重建就是由于导入了阿米巴经营，这就说明了阿米巴经营在制造业企业之外也能够发挥巨大的威力。

的确，在阿米巴经营的咨询事业成立以后的一段时间里，导入阿米巴经营的企业基本上都是制造企业。虽然我当时确信部门结算制度和经营哲学教育无论对于什么企业都是有共通性的，但制造企业之外的范畴对我而言是未知的领域，因此阿米巴经营如何提供给非制造业企业，这的确是一道难题。尤其是部门结算制度，在服务业这样看不见物品流动的世界里，应该如何构建这个体系，一直困扰了我许久。典型的案例就是医疗和护理行业。

关于医疗行业的阿米巴体系，我们从 2000 年前后开始研究，后来终于在 2005 年的时候研发出了医疗版阿米巴经营。截至 2014 年 3 月，共有 60 个医疗法人和护理设施导入了阿米巴经营。关于医疗领域的阿米巴经营，我们为之命名为"京瓷式医院原价管理手法"，实际的内容就是阿米巴经营。

今后，日本社会的老龄化问题会越来越严重，医疗和护理行业的市场肯定会变得很大，然而国家财政日趋紧张也是事实。日本医疗服务的价格是由政府来决定的，而且每两年就会调整一次。目前，国民医疗费呈每年递增的趋势，2013 年度已超过 40 兆日元。其中的四成则是由国家和地方财政来负担，因此医疗费用的

增加会成为政府财政的重大负担。为了维持现存的医疗保险制度，估计政府会采取比如降低医疗服务的价格，或者将公费医疗限制在一定的范围内等措施，也就是说，随着老龄化的发展，患者的人数会增多，医院和护理设施的经营环境在国家政策的影响下可能会变得日趋恶劣。

从现状来看，目前已经有六成以上的医院出现经营赤字，地方自治会的医院法人有八成，民间医院法人有五成左右正在赤字经营当中。所以我想，在这样的情况下，帮助医疗机构脱离赤字，变成能够盈利的组织，是非常有意义的。

在医疗行业，拥有"救助患者第一，经营第二"这样观念的经营者非常多，而且一提到利润，就会有很多医生和护士表示不满："我们从事医疗事业不是为了赚钱！"当初，我也曾经认为以追求利润为目的的阿米巴经营可能不适合医疗行业的经营。但有一次，我改变了这种想法。那是在 10 多年以前，新泻县牙科医院的理事长找到我说："森田先生，教我们阿米巴经营吧。"

这位理事长是稻盛先生主办的盛和塾的学生，在盛和塾接触到阿米巴经营并对此有了强烈的兴趣。我回答他道："阿米巴经营是追求利润的经营手法，可能不适合医疗领域吧？"理事长说道："为了向市民提供健全的医疗，医院就必须有健全的经营。所以阿米巴经营是非常必要的。"听了此话，我决意帮助他在医院导入阿米巴经营。

即便是医疗机构，如果没有利润，就不能向患者提供优质的医疗服务。如果经营因为赤字而破产，那受影响最大的应该是在医院就诊的患者，以及医院的员工。

跟企业一样，医院也需要实现永续经营。因此，医院必须追求适当的利润，以此来充实和提高自己医疗服务的水平。

赤字医院，一年就变黑字

真正第一次在医院导入阿米巴经营，是在兵库县龙野市的德永医院（病床数为 109 张）。2001 年小泉内阁上台后，政府在 2002 ~ 2004 年连续两次调低了医疗服务的价格，这让大多数医院法人的经营受到了严重打击，德永医院是其中之一。2006 年开始，经营面临危机的德永医院决心导入阿米巴经营。

当时，我们接到了来自德永医院的求助邀请。那时的德永医院，2004 年度的营业额约为 11 亿日元，利润却由于受到政府调低价格的影响，为 2000 万日元的赤字。导入阿米巴经营后，医院在第一年就实现了由赤转黑，创造 2000 万日元的利润，在第二年实现了 4000 万日元的利润，第三年实现了 6000 万日元的利润。

德永医院的阿米巴经营是从整理和检查作为医院收入的诊疗报酬获取遗漏开始的。医疗机关一般是根据自己的业务作成诊疗报酬申请明细表，并提交给政府指定组织"诊疗报酬支付基金"，以此获得来自政府的诊疗报酬补助。如果没有提交申请明细表，政府的诊疗报酬补助自然就得不到。因此，我们先从此处入手，查看医院的每一笔业务，并彻查了诊疗报酬申请明细表。因为我们知道，一般来讲，基本上无论是哪家医院都或多或少地存在申报遗漏的现象。

当时德永医院正准备进行建筑物的改建装修工程，已经让建筑公司给出了项目估价。"把估价表给我们看一下吧"，我们拿到估价表之后，将其转给京瓷公司采购部门的专家，让他帮忙看一下，给点意见。那个人在京瓷公司负责建设了好几个工厂，对于施工、材料等的价格非常熟悉。他看了估价表之后，很是惊讶："这要价也太高了吧。"在他的帮助下，德永医院成功地大幅压低了建设施工费用。

同时，我们在德永医院导入了部门结算制度，力图削减各个部门的经费。我们为德永医院设定了月度经营会议制度，以院长为中心，有各个部门的代表出席，具体报告各个部门的收支情况。经营会议的效果明显，各个部门很快适应了此会议制度，并积极地提出了越来越多的减少经费、增加收入的提案。

实际上，在绝大多数的医院里，医生们的发言权很大很强，护士、药剂师、放射线技师、营养师等在面对医生的时候基本上都不敢发声。也就是说，即便他们知道"如果这样做的话会更好"，但在医生面前却说不出口。因此在月度经营会议上，院长和我们的咨询师积极配合，改变了平时开会时候的尴尬气氛，让大家畅所欲言，进而吸收来自各方面的优秀提案。

比如我们的咨询师在看了药剂部门的收支明细之后，问："药剂部门的药品库存好多啊。为什么会有这么多存货呢？"药剂部门的负责人则回答说："这是因为功效相同的药品有很多。比如开这种药品的医生有两位，而同样功效的药品就有六种。如果他俩能用同一品种的药品，药品的库存肯定就能减少了。"听了此话，我们就让院长在经营会议结束之后找这两位医生谈话，通过讨论最终削减了药品的种类。

从那以后，药剂部门就开始整顿药品种类。相同功效的药品种类减少了，每一种的进货量就可以增多一些，既可以减少库存，又可以因为大量购入而降低进价。而且药品都有服用期限，药品的种类减少了，因服用期限到期而废弃的药品也就大大减少。经过这样的改善，药剂部门的收支状况得到了彻底的改观。

对于有患者住院的病房，我们要求他们提交每个月的收支结算情况。于是，负责病房的护士为了改善自己病房的收支，在"有了空床马上补满"的共同意识下，知道有病人因病愈将要出院，则马上将此信息告知医生。而在以前，护士的共同意识是这样的："住院的病人多了，只会让我们更加忙碌，没有什么好处。"因此可以说，部门结算制度的导入改变了护士的思维方式。

前面已经介绍过，工作的成果等于"思维方式 × 热情 × 能力"。护士们的热情和能力，本来维持在很高的水平，但思维方式是负向的，结果自然就是负面的。部门结算制度的导入，让护士的思维方式变成了正的，工作的成果自然而然地呈现出来了。

有了数字，人们自然而然地就会想要努力将数字做得更好。关心医院的经营，看到医院的经营状况开始改善并稳步提高，医院的员工变得更加斗志昂扬。相反，如果医院连年赤字经营，前景悲观无望，大家心里必定会产生不安情绪。医生可能不会有失业的烦恼，但护士等辅助人员，即便是经验丰富的老手，如果不是特别优秀的人，到了别的医院估计不会被重用。正是由于这个原因，德永医院的护士、药剂师，以及业务服务人员都非常重视，并积极地配合阿米巴经营的导入。

对我来言，我觉得医院的经营和阿米巴经营，两者之间有着非常强烈的相辅相成关系。比如在医院的职员里面，有医生、护士、药剂师等辅助人员的医疗岗位，也有收集计算诊疗报酬的医院办公人员，以及人事部门和总务部门的办公岗位，但医疗岗位的比例占到 80%～90%，可以说非常高。在医疗岗位，只要为患者提供医疗服务，则就有收入发生，也就是说，80%～90% 员工的贡献可以通过阿米巴经营直接把握。

另外，在阿米巴经营里，经费当中不包含人工费。在医院里面，医生的工资水平非常高，这如果被公开的话，那对医院、对医生都不是好事。因此用单位时间附加价值来作为衡量成果的标准，既不会公开医生的工资水平，更能明确各个部门的盈利状况，这可以说是阿米巴经营适合医疗机构的理由之一。

接下来，我们再来共同看一下另外一家导入阿米巴经营的医疗法人的案例——天神会（古贺伸彦理事长）。通过这个案例，让我们来详细看一下部门结算制度和内部合作对价制度的体系和效果。

案例 4-1：社会医疗法人天神会跨越行业，确保医疗的质量和经营

天神会是位于福冈县久留米市的一个医疗法人集团，拥有新

古贺医院（病床数为 202 张）、古贺医院 21（病床数为 200 张），以及以体检和透视分析等为主要业务的新古贺诊疗中心等多个机构，员工人数达 1200 人。

天神会是在古贺理事长的父亲于 1946 年创立的内科医院的基础上发展壮大起来的，实现集团的法人化经营，则是在 1992 年，目前作为久留米市最主要的医疗机构，为久留米市民提供着医疗服务。新古贺医院作为地方政府指定医疗支援机构，在急救和心血管内科方面拥有较强的实力，古贺医院 21 更是率先导入 PET（阳电子放射线断层摄影）和放射线治疗仪器 "Tomo Therapy"。由于拥有先进的诊疗设备和技术力量，近年在海外积极地进行宣传，吸引大批海外患者前来治疗。天神会导入阿米巴经营，则是在 2010 年。

天神会创立以来，一直实现着较为稳健的经营，几乎没有出现过经营赤字。尽管如此，现任理事长古贺伸彦先生决心导入阿米巴经营。他的理由是"虽然目前经营还算稳健，但每每想到今后却总有一种莫名的不安"。

实际上，看一下天神会的经营状态我们就可以理解古贺理事长的担心。这是因为迄今为止天神会可以说是古贺理事长一个人在经营。他既是一个经营者，又是一个医生，经营和管理整个集团法人，并进行各种各样的经营决策，他本人就像是一列沉重列车的火车头，一个人拖着整辆列车发展到今天。本来他只是经营古贺医院，但在 1996 年的时候将古贺医院进行了整改，更名为新古贺医院，并于 2002 年新开设了古贺医院 21，后来又接连开设了 PET 诊疗中心，开始了心脏 MRI 诊疗，进军护理行业等，迅速地将整个集团法人的规模扩大了很多倍。但是，随着列车的规模越来越大，车厢越来越多、越来越重，集团法人的发展速度逐渐放慢，古贺理事长逐渐感到自己经营的界限。

比如随着法人组织的扩大，古贺理事长越来越难把握现场的实际情况。部长们在向他汇报工作的时候总是说"没有问题"，但他自己知道，完全没有问题的组织是不存在的。"没有问题"这样的汇报本身就是一个巨大的问题，这极有可能是因为在现场发现问题、解决问题的意识淡薄了。职员当中曾不乏能够积极发现问题、解决问题的优秀人员，但现在通过部长们这种流于形式的汇报中可以看出，各位部长估计已经看不清现场的员工到底是谁在积极地努力工作。

现场人员对于患者疾病的治疗的确非常努力，但对于医院的正常经营和收支、营业收入的增加，以及各种经费的削减则几乎毫不关心，对于医院法人的经营，基本上是完全交给了理事长，大家几乎都有"只要将规定好的事情做好就可以了"这种认识。对此种情况的蔓延十分担忧的古贺理事长曾经积极地深入各个医疗现场，希望能通过与现场人员的沟通来增进现场的交流，改变现状，却效果甚微。

对于收支状况的把握，由于只知道每个医院的综合数字，因此无从把握各个部门的收益性。虽然古贺理事长一直希望"能给予认真努力工作的员工相应的合理报酬"，但由于无法把握现场的收益性，更无从把握每个人的绩效，所以古贺理事长心中一直困惑不已，开始担心由于不能正确评价员工导致有能力的员工流失。

为了从这种状态中摆脱出来，古贺理事长认识并决心导入的便是京瓷式医院原价管理手法。2010 年 2 月，在接收到古贺理事长的导入要求后，我们马上就开始着手对天神会进行阿米巴经营的导入。我们希望能将天神会的列车式的经营改变成为新干线式的经营。列车式经营，意思是只有车头部门有牵引动力，牵引着后面所有的车厢往前跑。这就是导入阿米巴经营之前天神会的样子。这种经营方式，仅靠理事长一人的力量是很难拖动整个列车的。新干线则是每个车厢都配有动力装置，而且每个车厢都可以进行自我控制。这既能让车辆更快地向前跑，也能实现每个车厢的自我管理。实现精细化的经营和管理，这对于企业经营来说，是非常重要的。

于是，为了实现将天神会从理事长一人孤军奋战体制，转变为员工每个人都带着与经营者共同的思想意识，不仅是执行诊疗工作，而且积极地参与经营目标，导入阿米巴经营的改革开始了（见图 4-1）。

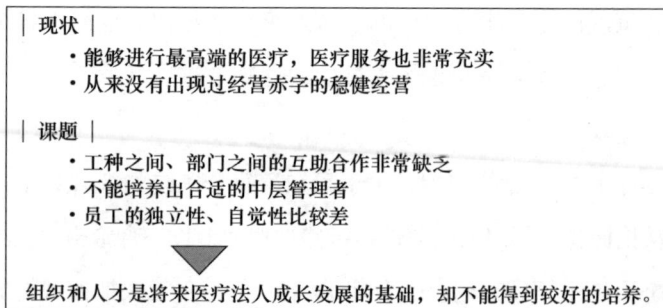

| 现状 |
· 能够进行最高端的医疗，医疗服务也非常充实
· 从来没有出现过经营赤字的稳健经营

| 课题 |
· 工种之间、部门之间的互助合作非常缺乏
· 不能培养出合适的中层管理者
· 员工的独立性、自觉性比较差

▼

组织和人才是将来医疗法人成长发展的基础，却不能得到较好的培养。

图 4-1　导入阿米巴经营的背景

不明确的权责分工

天神会阿米巴经营的导入是按照图 4-2 所展示的时间表进行的。

内容		导入篇 5月	应用篇 7月	渗透篇 12月
体系的构建	访谈调研			
	项目组的运作			
运营支持	体系的导入			
	说明会			

图 4-2　阿米巴经营导入时间表

最初的两个月是对各个部门负责人的访谈调研。公司的咨询师对每个部门负责人都进行了为时一小时的访谈。对于在访谈中发现的问题，咨询师将相关部门的人员组织起来成立一个项目组，利用后面三个月的时间进行讨论并提出解决方案。当时所提出来的主题主要有组织构架的构建方法、经营数字的算法和标准、部门之间沟通状况的改善、会议的进行方法等。

之后，各个项目组将讨论结果和解决方案在医院内召开的报告会上进行报告和答辩，并付诸实施。同时，咨询师开始收集医院的各种经营数字，为构建京瓷式成本管理表信息系统做准备。

在对现场的访谈调研中，我们发现了很多各种各样的问题。

（1）天神会竟然存在多种不同的组织架构图。实际上，天神会并没有官方规定的组织架构图，而是每当在接受相关部门的医院内控检查的时候，天神会就会临时绘制出一张架构图来交差，由于每次绘制的组织架构图都或多或少存在一些不同，所以就形成了这种状态。绘制成的组织架构图并没有在员工中进行共享，而且古贺理事长自己并不清楚到底哪一张是能够正确描绘天神会组织架构的图。

（2）每个管理者工作内容的范围、权限、责任等都没有明确的规定。在访谈中，我们对同样是科长的员工提出"你自身有什么样的权限""工作的范围具体包括哪些"这样的问题的时候，得到的答案却千差万别。

（3）营销功能的缺失。要提高医院的营业额，就需要扩大其他医疗机构转过来的患者数量，还需要扩大前来体检市民的人数等。但我们发现，在天神会并没有人对这种营销业务负责。天神会的每个医院都设有"当地联合办公室"这个部门，这个部门的主要任务应该就是营销，比如与其他医疗机构进行合作，让它们为医院介绍患者，并负责对相关医疗机构报告患者的情况等，以此来增加来医院就诊患者的人数。虽然每个医院都有这个部门，由于各个医院相互之间并没有进行信息共享，就直接造成了整个集团法人营销体系的混乱。比如新古贺医院和古贺医院21的当地联合办公室的负责人会分别去找同一家医疗机构谈合作，对方却很困惑，即便是有了想要介绍的患者，也不知道到底该联系哪一方才好。

在经营数字的把握上，我们也发现了很多问题。天神会的收入主要来自新古贺医院、古贺医院21和新古贺诊疗中心这三个组织机构，到导入阿米巴经营之前，被提交上来的只有每个组织机构整体的利润表。而且固定资产登记表里也存在很多各种各样的问题，比如登记的固定资产，账面与实物不一致，或者已经废弃的固定资产，在账面上却依旧是登记在案等。

对于经营计划中制定的经营目标，几乎没有人认为那是一定要达成的。这也许是因为经营目标只是理事长和事务长这两个人制定出来的，其他员工并不认为这个经营目标是与自己相关的项目吧。

集团法人内部的交流沟通也存在很多问题。一般来讲，医院的内部组织里面，医生属于诊疗部，护士属于护士部，放射线技师属于医疗技术部等，是按照执业资格划分的，这容易使内部组织之间形成组织壁垒。实际上，天神会的护士部里面发生的各种事情基本上是不会传到理事长的耳朵里的。由于不存在组织机构负责人，以及部门负责人共同参加的经营会议，各个组织里发生了什么事情、目前面临什么问题，这些完全没有在天神会内部得到共享。

消除组织中的重复和浪费

正如访谈调研中我们了解到的那样，三个医疗机构之间由于完全没有合作和沟通，分别在进行各自的市场营销活动，这直接导致了天神会整体的效率低下。因此，我们将一直以来负责与其他医疗机构和护理设施进行联系和合作的新古贺医院的当地联合办公室转移到集团法人的下面来，并作为集团法人的唯一对外合作联络窗口进行开放。同样，我们把 PET 和体检中心的市场营销功能，以及三个医疗机构的办公业务功能集中到集团法人的下面。通过这样的组织构架调整和改革，集团法人内部各个医疗机构之间的联系得到了加强，排除了其中存在的巨大浪费。

我们在天神会里导入部门结算制度。本来，天神会实施的是大多数医疗机构都在实施的"诊疗科室收支核算制度"。

"诊疗科室收支核算制度"是指医院整体分成门诊部门、病房部门、中央诊疗部门（手术、检查、拍片诊断等）、辅助管理四个部分，分别核算各自的收入和费用，然后将辅助管理部分的费用分摊到门诊、病房、中央诊疗这三个部分，最后再将中央诊疗部分的收入和费用分摊到门诊和病房两个部分，根据不同的诊疗科室再进行分别核算（见图 4-3）。

这种核算方法虽然可以判断出哪个诊疗科室盈利比较多，却不能实现所有员工都来积极地参与经营。这是因为诊疗科室之外的部门全都被作为成本中心来运转，能够参与到集团法人经营中来的，只有各个诊疗科室的医生。

京瓷式医院原价管理手法想要达到的效果如图 4-4 所示。除了医院事务课、总务课、经营管理课等办公部门之外，其他所有部门都作为利润中心来看待并运转，这样可以让更多的员工参与医院的经营。

阿米巴经营导入前

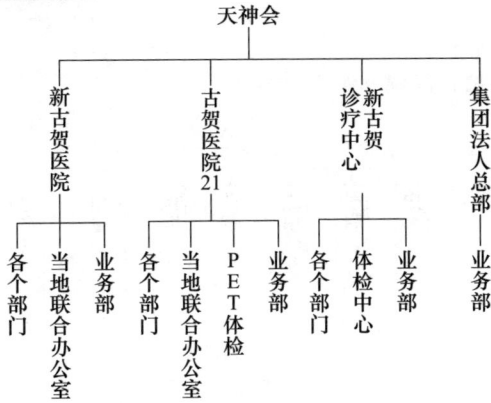

```
                              天神会
        ┌────────────┬──────────────┬──────────────┐
      新古贺医院      古贺医院21    新古贺诊疗中心   集团法人总部
     ┌───┬────┐    ┌───┬────┬────┐  ┌───┬───┬───┐      │
   各个部门  │  业务部 各个部门 │  PET体检 业务部 各个部门 体检中心 业务部  业务部
        当地联合办公室     当地联合办公室
```

阿米巴经营导入后

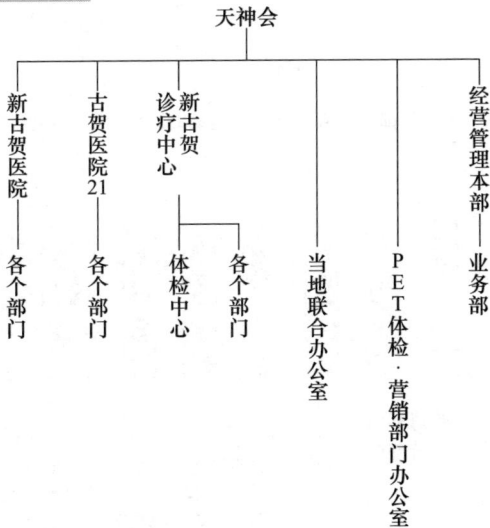

```
                              天神会
     ┌──────┬───────┬──────────┬──────────┬──────────┐
   新古贺医院 古贺医院21 新古贺诊疗中心 当地联合办公室 PET体检·营销部门办公室 经营管理本部
      │        │      ┌────┬────┐                              │
   各个部门  各个部门  体检中心 各个部门                          业务部
```

图 4-3 天神会的组织架构图

该如何划分结算部门的最小单位（一般称为阿米巴）？首先需要理解医院特有的复杂性。医院的内部组织，有按职称资格划

135

分的纵向体系，也有按工作场所（部门和岗位）划分的横向体系。

| 以前 |

医院全体的成本管理

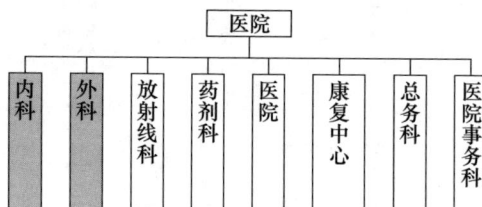

| 医院 |
| 内科 | 外科 | 放射线科 | 药剂科 | 医院 | 康复中心 | 总务科 | 医院事务科 |

可视化

变更为权责明确的小组织

| 京瓷式 |

以每个部门都进行成本核算为基础的医院全体成本管理

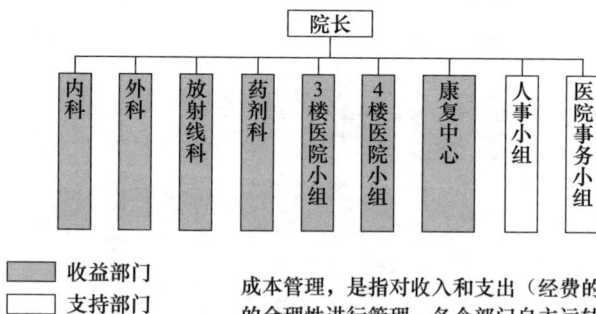

| 院长 |
| 内科 | 外科 | 放射线科 | 药剂科 | 3楼医院小组 | 4楼医院小组 | 康复中心 | 人事小组 | 医院事务小组 |

收益部门
支持部门

成本管理，是指对收入和支出（经费的平衡）的合理性进行管理。各个部门自主运转，通过明确其立场和功能作用等来促使其形成。独立意识，以实现改善自发地进行。

图 4-4　京瓷式医院原价管理手法的特征

按职称资格划分的纵向体系，可以分成医生所在的诊疗部门，护士们所在的护士部门，放射科技师、理学疗法师和临床检查技师所在的医疗技术部门……按照场所则可以划分称为 A 医院、B 医院、C 医院等（见图 4-5）。经营决策和判断是进行纵向传递，实际的诊疗则是进行横向传递：治疗方案和指示从医生那里传递出来到达医院的护士，以及放射科的理学疗法师这边，然后展开医疗工作。因此，医院的内部组织其实是由纵向和横向两方面组成的矩阵式组织（见图 4-5），在进行结算管理的时候，不仅要看纵向的诊疗部门、护士部门等，还需要看各个医院等横向组织。所以，纵横交叉的部分，比如我们把"循环器官内科"、"A 医院护士"、"放射线科"等这样的现场组织设定为结算的最小单位。

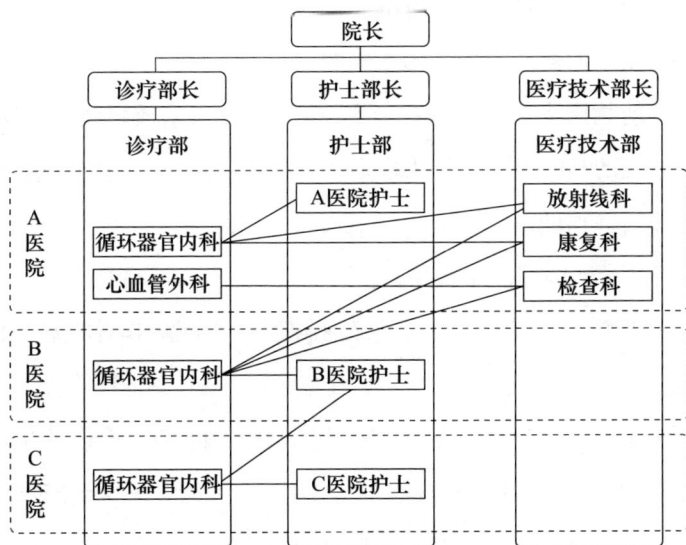

图 4-5　医院的矩阵式组织

　　在第 1 章中我们介绍过医院内部的合作对价。接下来作为复习，我们再来详细地看一遍。京瓷式医院原价管理手法，就是要让护士部门和技术部门等也都产生收入，并设定为结算管理的对象。能够做到这一点的，就是医院内部合作对价。

医院内部合作对价的机制

举个例子，比如有一位患者在整容外科住院，医院从患者那里收取了 10 万日元作为收入。首先，这份收入完全作为整容外科的医疗收入入账。因为患者是住院患者，因此他还需要接受护士的护理，也需要投入各种所需要的药物，以及 CT（电脑断层拍照）等各种服务，于是整容外科就在这些服务发生的时候，向相关部门支付相应的合作对价。如护士的护理则支付给病房护士科，投入各种药物则支付给药剂科，实行 CT 则支付给放射线科。这里需要注意的是，以前仅作为成本中心的护士部门、药剂部门和放射线部门等辅助部门，都产生了收入。也就是说，通过实行合作对价机制，辅助部门能够变成利润中心来进行结算管理。

由于医疗服务的价格都是由政府制定的，因此合作对价需要在政府定价的范围内制定出来。还有，比如整容外科接到内科的求助，帮助内科诊疗了一位患者，那整容外科会从内科那边获得合作对价。也就是说，各个诊疗部门不只是支付合作对价，还能够获得合作对价。

10 万日元的收入，加上院内合作对价收入部分，再减掉院内合作对价的费用部分，就是总收入。然后从中再去掉诊疗所使用的医疗材料的费用，药品的费用，医疗机器的折旧费用，电费、水费、取暖费，部门所使用院内办公医疗设施面积而需要支付的租金，以及被分摊的间接部门经费等，剩下的就是差额收益。再将这个差额收益用部门内部所有成员的总劳动时间除一下，就可以得到部门的单位时间附加价值。

原价管理表的院内合作对价收入和费用项目里面，有"手术"、"注射"、"处理"等项目。实际上，进行手术的是医生（进行注射的是护士），分别都配有专门的护士，这就能形成一个结算单位。

这样在天神会，我们在分解和确定好结算单位的同时，也构建并导入了能够及时提供每个结算单位结算信息的系统。

在天神会的原价管理体系里面已经有了医疗会计系统、财务系统、体检支持系统、物品管理系统、出勤管理系统等多个系统，因此进行原价管理所需要的信息基本上都是可以获得的。我们所做的，就是将这些既存系统串联起来，最终让各种管理信息以阿米巴经营结算表的方式进行输出，为实行阿米巴经营服务（见图 4-6 和图 4-7）。

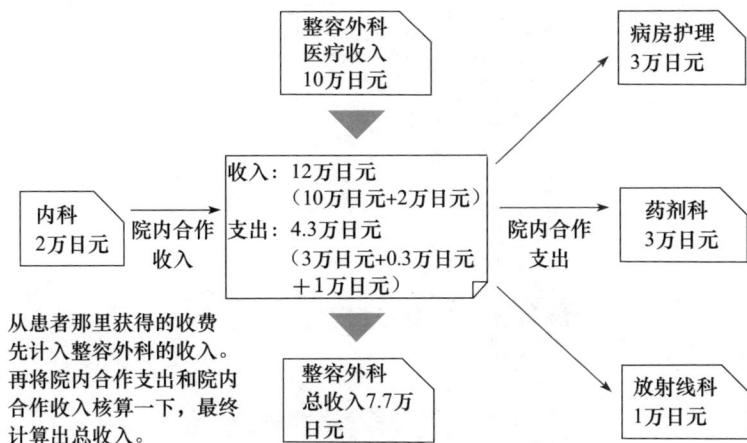

图 4-6　院内合作对价的运行机制

139

组织代码	0101	0102	0103	0104
组织名称	○○科	○○科	○○科	○○科
医疗收入				
门诊收入				
住院收入				
其他收入				
保险费等减除项				
院内合作收入				
诊断（收入）				
处方（收入）				
注射（收入）				
包扎（收入）				
手术（收入）				
检查（收入）				
拍片诊断（收入）				
理学诊疗（收入）				
其他（收入）				
住院（收入）				
院内合作费用				
诊断（费用）				
处方（费用）				
注射（费用）				
包扎（费用）				
手术（费用）				
检查（费用）				
拍片诊断（费用）				
理学诊疗（费用）				
其他（费用）				
住院（费用）				
总收入				
经费合计				
医药品费				
用餐材料费				
诊疗材料费				
医疗消耗用品备份费				
差旅费交通费				
职员工作装费				
通信费用				
日常消耗品费				
消耗用品备份费				
车辆使用费				
清扫外包费				
业务外包费				
广告宣传费				
检查外包费				
图书费				
研修差旅费、交通费				
研究杂费				
固定资产折旧费				
保育运营费				
其他经费				
内部利息				
间接部门分摊经费				
消费税				
差额收益				
总劳动时间				
法定劳动时间				
加班时间				
移动时间				
间接部门分摊劳动时间				
单位时间收益				
单位时间总收入				
人员				

图 4-7 原价管理表项目一览

从部门全体结算到经费明细的一目了然

图 4-8 是系统画面的一个例子。看一下结算表的消化器官内科部分我们可以知道，收入（A）是 3750.4791 万日元，具体内容为：门诊收入 179.5810 万日元，住院收入 3577.7491 万日元，保险费等减除项为 − 68 510 日元。收入（A）加上院内合作收入 35.7153 万日元，再减掉院内合作费用 2228.8989 万日元，结果为 1557.2955 万日元，这就是消化器官内科的总收入（B）。然后再减掉各项经费的 573.7577 万日元，剩下的就是消化器官内科的差额收益（C），即 983 万 5378 日元。将差额收益（C）除以医生们的总劳动时间 1937 小时，便得出单位时间附加价值，就是 5077 日元。顺便说一句，天神会的诊疗部门平均的单位时间附加价值约为 6000 日元，其中心血管内科的数值最高，约为 8000 日元。

通过这个系统，我们还可以明确各项收入和费用的明细。比如说想知道医疗消耗品费 217.8983 万日元的明细内容，那只要用鼠标点击一下费用的数字，就会得到明细内容的画面：ERCP Cannula 是 28 833 日元，胆管扩张用 Katheter 是 7718 日元，Locking Devices 是 4568 日元，等等。消耗品的名称和金额都会详细列示出来，而且能列示消耗品供应商的名称。

这样，结算部门的收入、利润和费用等所有信息，谁都可以通过电脑来查询和确认。

每个月经营绩效的结算日，我们设定在下个月的中期。一个月结束的时候，经营管理部门开始核算所有的经费和劳动时间，但诊疗收入是在月末截至下月 10 日发出付款要求的，因此不到每月的 10 日，收入是无法确定的。最终，在 16 ~ 18 日确定好收入之后，在 19 日则将数字信息进行公开。看到公开的经营信息之后，现场的课长级职员会马上与现场的成员一起开会（部门内会议）讨论，确认上个月的实际业绩，明确好接下来的课题，并讨论确定下个月的计划等。几天后，医院会召开整体会议（课长级以

组织代码	0203	构成比例	0204	构成比例	020
组织名称/构成比例	消化器官内科		呼吸器官内科		糖尿病·内分泌内科
收入　　　　（A）	37 504 791	240.8	64 974 563	377.0	42 658
门诊收入	1 795 810	11.5	19 852 532	115.2	28 233
住院收入	35 777 491	229.7	45 207 701	262.3	14 559
护理收入	0	0.0	0	0.0	
其他收入	0	0.0	0	0.0	
保险费等减除项	−68 511	–	−85 670	–	−134
合作收入（院内护理）	357 153	2.2	377 159	2.1	186
诊断	357 153	2.2	377 159	2.1	186
处方（收入）	0	0.0	0	0.0	
护理（收入）	0	0.0	0	0.0	
合作费用（院内护理）	22 288 989	143.1	48 121 040	279.2	28 387
诊断（费用）	560 932	3.6	845 892	4.9	488
处方（费用）	704 116	4.5	9 112 254	52.8	9 606
注射（费用）	2 264 483	14.5	7 523 350	43.6	3 757
包扎（费用）	276 652	1.7	1 819 849	10.5	335
手术（费用）	1 495 470	9.6	81 732	0.4	28
检查（费用）	2 226 455	14.2	4 514 145	26.1	4 880
拍片（费用）	941 874	6.0	4 743 465	27.5	704
指导（费用）	302 390	1.9	663 820	3.8	732
其他（费用）	163 227	1.0	785 581	4.5	300
住院（费用）	13 353 390	85.7	18 030 952	104.6	7 553
护理（费用）	0	0.0	0	0.0	
总收入　　　（B）	15 572 955	100.0	17 230 682	100.0	14 457
经费合计	5 737 577	36.8	3 554 897	20.6	2 266
医药品费	30 908	0.1	0	0.0	1 087
医疗器材费	2 649 648	17.0	401 607	2.3	74
医疗消耗品费	2 178 983	13.9	161 822	0.9	756
用餐材料费	0	0.0	0	0.0	
用餐外包费	0	0.0	0	0.0	
检查外包费	0	0.0	0	0.0	
当地医疗联合/PET体检	180 600	1.1	298 200	1.7	126
部门内部支援部门经费	0	0.0		0.0	
支援部门经费	182 157	1.1	80 958	0.4	60
差额收益　　（C）	9 835 378		13 675 785		12 190
总劳动时间	1 937.00	100.0	1 066.00	100.0	1.12
法定劳动时间	966.00	49.8	716.00	67.2	62
值班时间	147.00	7.5	139.50	13.0	
加班时间	317.25	16.3	210.00	19.6	17
支援时间	506.75	26.1	0.00	0.0	32
部门内间接部门时间	0.00	0.0	0.00	0.0	
间接部门时间	0.00	0.0	0.00	0.0	
单位时间附加价值		5 077.6		12 829.0	10.8
单位时间总收入		8 039.7		16 163.8	12.8
人员	8		5		

图 4-8　天神会原价管理表的画面例（一）

上人员参加），共享各个部门内会议讨论的内容，并分析和讨论相关的重要课题（见图 4-9）。

住院收入的内容明细

组织代码	0203	构成比例	0204	构成比例	0205	构成比例
组织名称/构成比例	消化器官内科		呼吸器官内科		糖尿病·内分泌内科	
收入	37 404 791	240.8	64 974 563	377.0	42 658 932	295.0
门诊收入	1 795 810	11.5	19 852 532	115.2	28 233 780	195.2
住院收入	35 777 491	229.7	45 207 701	262.3	14 559 152	100.7
护理收入	0	0.0	0	0.0	0	0.0
其他收入	0	0.0	0	0.0	0	0.0
保险费等减项	−68 510	−	−85 670	−	−134 000	−
合作收入（院内护理）	357 153	2.2	377 159	2.1	186 110	1.2
诊断	357 153	2.2	377 159	2.1	186 110	1.2
处方（收入）	0	0.0	0	0.0	0	0.0
注射（收入）	0	0.0	0	0.0	0	0.0

相关年月度 201103	组织代码 0203		
结算科目代码 1020　住院收入		金额合计	35 777 492

No	金额　品名/内容 交易方代码　交易方名称	结算日
1	663 092　胃十二指肠溃疡，胃窦室症，幽门19件4人	2011/04/19
2	3 719 742　肝硬化（包含胆汁性肝硬化）116件7人	2011/04/19
3	1 965 086　胃部恶性肿瘤57件8人	2011/04/19
4	249 326　酒精肝7件1人	2011/04/19
5	602 105　弥散性血管内凝血7件1人	2011/04/19
6	1 953 374　食道，胃，十二指肠，其他肠道的炎症等58件12人	2011/04/19

各种经费的内容明细

组织代码	0203	构成比例	0204	构成比例	0205	构成比例
组织名称/构成比例	消化器官内科		呼吸器官内科		糖尿病·内分泌内科	
其他（费用）	163 227	1.0	785 581	4.5	300 570	2.0
住院（费用）	13 353 390	85.7	18 030 952	104.6	7 553 652	52.2
护理（费用）						
总收入（B）	15 752 955	100.0	17 230 682	100.0	14 457 579	100.0
经费合计	5 737 577	36.8	3 554 897	20.6	2 266 796	15.6
医药品费	30 908	0.1			1 087 522	7.5
医疗器材费	2 049 046	17.0	401 607	2.3	74 435	0.5
医疗消耗品费	2 178 983	13.9	161 822	0.9	756 077	5.2
用餐材料费						0.1
用餐外包费						0.2
检查外包费	50 004		15 407			0.1

相关年月度 201103	组织代码 0203		
结算科目代码 6030　医疗消耗品费		金额合计	2 178 983

No	金额　品名/内容 供货商代码/组织代码　供货商名称/组织名称	鉴定科目代码	鉴定科目名称 结算日
1	28 833　TandemXL ERCP Cannula （株式会社）筑后分社	02	医疗消耗费 2011/03/31
2	7 718　SOEHENDRA型胆管扩张用Katheter （株式会社）筑后分社	02	医疗消耗费 2011/03/31
3	4 568　Rapid Exchange Locking Devices （株式会社）筑后分社	02	医疗消耗费 2011/03/31

图 4-9　天神会的原价管理表的画面例（二）

明确自己工作的 "重点项目表格"

"重点项目表格"是明确部门工作的有用工具。这是一张 A4 纸,在召开部门内会议时,每个部门将会议讨论的结果填好,并在医院整体会议召开之前上交(见图 4-10)。当时,天神会里面共设定了 202 个阿米巴,并形成了阿米巴组织树。在召开整体会议的时候,能够分工统括所有阿米巴的等级比较高的 10 位阿米巴领导者,需要在报告原价管理表的预定和实绩的同时,向会议详细介绍重点项目表格的内容。

"重点项目表格"里面,既要明确记入天神会的奋斗目标,也要记入部门的医疗护理目标,并在表格的下部记入相应的预定和实绩。预定是上个月会议上确定的必达目标,会议就是要根据这个必达目标讨论实绩如何等。在追求提高收益性的同时,提高医疗服务的质量,都包含在天神会的 "预定·实绩管理"之中。

特意让大家填写表格,其实是有目的的。医院的业务,除了在多种场所都需要开展之外,医院组织本身是矩阵型构造的,所以在很多情况下,医院的员工并不明确自己具体对什么业务负有怎样的责任。通过填写这张表格,员工就可以更加清楚地了解自己具体负责什么业务、同组的人都有谁等,因此更能为了共同的目标齐头并进。表格的填写人不一定是阿米巴的领导者,阿米巴的成员可以轮流填写,但最后记入的内容必须经过课长级领导的确认。

平成 •年　•月　重点项目表格			

所属 部门		制表人 负责人	

岗位	人数
诊疗放射线技师	19名
临床检查技师	1名
临时办公人员	2名
技术员	1名
	名

天神会的目标	我们相信自己的能力，负责任地进行提案， 在规定的时间和期限内完成我们制定的目标。
部门的医疗目标	提供患者和患者家属满意的医疗服务， 建设员工们都能舒适工作的环境。

预定	实绩
《医疗护理的高度化和质量提高》	《医疗护理的高度化和质量提高》
①KPI目标 · 第1CT：261件，第2CT：910件，MRI：791件， RI：160件，一般拍片：3185件。 第1CT：上年度1%↑。第2CT：上年度1%↑。 MRI：上年度1%↑。4月的体检增加预测5% RI：月度最多170件，或者之前两三年的平均值+á。 合计件数比上年度增加2% 一般拍片：上年度2%↑ · 从7/1开始扩大第2CT的可预约件数，20分钟/次 →15分钟／次 ②教育·技术目标 · 积极地参加学会和学习会。（继续）推荐加入技师会。 · 对新人技师进行情态教育。 · 伴随第1CT系统升级，尽量让大家都能掌握新功能的讨论。 · 7/1日完成系统升级，并进行随时改善。 ③感动·接待目标 · 对没有预约的患者，在接待的时候告知需要等待的时间。 · 提醒因时间关系不能久等的患者下次来院时进行预约。 ④医疗安全目标 · 及时更新突发事件对应案例集。 →平成24年5月初期制作完毕。之后的随时更新。 到7/20完成。	①KPI目标 · 第1CT：302件，第2CT：940件，MRI：750件， RI：171件，一般拍片：2935件。 ②教育·技术目标 · 对新人技师进行情态教育。 · 7/22进行了现状汇报和今后工作说明，尽量让大家 都能掌握新功能的讨论，也讨论了第二年的招聘。 · CT升级结束。懂得使用说明书。（7/1） ③感动·接待目标 · 从7/1开始增加了第2检查数量，对每个来院患者 进行了等待时间的告知。MRI也进行了等待时间 告知。 ④医疗安全目标 · 更新了突发事件对应案例集。（7/25） →在Drive Cabinet里设文件夹进行保存。
《经费削减策略》 · 调低走廊电视屏幕的亮度。节省电费。 · 地下设置的电脑屏幕也调低亮度。 · 每周一次清扫各类显示器。（电视，PC） · 院内中央空调已开启，因此尽量避免使用单独 已经贴了标签。 · 确认空调的设定温度。特别是控制室。（继续） · 在傍晚5点打开荧光灯，关闭走廊墙内灯。 · 清扫除湿机的过滤网。（上月有部门没有清扫） 《时间的有效活用》 · 每天对第2CT的使用过的生食瓶进行空水。 · 每个现场在第二天所需要的人数，16点半之前 联系勤务表制作负责人。	《经费削减策略》 · 6/30执行。（亮度调低了10～15） · 6/30执行。（亮度40%以下）根据需求变更。 · 每周一次清扫各类显示器。 · 在各种会议上也进行了确认。 · 控制室设定基本温度为26度。拍片室温根据 需要设定。 · 第1CT负责人在下班的时候负责开关灯。 · 6/29清扫了除湿机和空调的过滤网。 《时间的有效活用》 · 由于每天操作会节省时间，因此在CT会议上 决定继续此种做法。 · 已经要求各个现场执行。

合作求助

部门名称	开始月	内容	结果	状况

来自其他部门的合作求助

部门名称	开始月	内容	结果	状况

图 4-10　重点项目表格的记入例

预定栏的最上面一项是关键绩效指标（key performance indicator，KPI），是对收益最有影响的目标值，只要能够达成这个指标，基本上可以认为部门的目标达成了，所以说它是一个非常重要的尺度。在放射线诊断部门，KPI 就是 CT 或 MRI（磁气共振）的件数。"教育技术目标""感动接待目标""医疗安全目标"是关系到医疗质量的目标。为了提高单位时间附加价值，还需要进行"经费削减策略""时间的有效活用"等"预定·实绩管理"。

能够反映出医院特点的，是表格最下面的"合作求助"栏。医疗行为，不仅靠医生，还需要护士、放射线医师、营养师、理学疗法医师、药剂师等辅助性岗位人员的配合和帮助，大家一起组成团队进行诊疗，因此各种岗位人员之间的沟通非常重要。然而通常，这些辅助性岗位的人员很难开口对医生直接提出要求，即便这些要求是工作上的。因此，在每个月的整体会议上，在介绍重点项目表格的时候，将合作求助的内容公开，并在会议上公开讨论和确定。实际上，这种做法取得了巨大的成就。

举例来说，药剂部门对诊疗部门提出了"请尽快开出处方"这样的合作求助，诊疗部门接到请求加快开具处方的速度，就能大大减少药剂部门员工的加班时间。像这样的改善案例还有很多。通过这个办法，现在医院的各个部门之间的交流变得更加紧密，在整体会议上即便不填写合作求助一栏，通过部门之间的个别交流和沟通已经能够处理很多事情。

阿米巴经营提高部门自主性

由于导入了阿米巴经营，天神会的各个部门提高了结算意识，更使得每个部门在很大程度上增强了组织凝聚力。接下来就让我们来分别看一下各个部门的阿米巴经营导入成果。

护士们所在的病房部门，在导入阿米巴经营之后税前利润增加了 1416.5 万日元，单位时间附加价值由原来的 3016 日元提高到了 3506 日元。他们不仅削减了住院部门不必要的经费开支，而且在因人事调动发生人员减少的情况下依然能够保持较高的病床使用率，并努力提高了单位时间附加价值。以前也有病床使用率的目标值，但现场的护士人员几乎无人关注。在公开了经费项目之后，各个项目被详细地检查，而且通过护士自发的经费削减运动，浪费得到了排除。另外，因为有劳动时间这个指标，尽管人数有了减少，但由于大家的努力成果能够通过数字表示出来，因此护士的斗志被激发了出来。

再来看一下实施胃镜检查的内视镜中心。内视镜中心需要医生、护士和内视镜检查技师这三个岗位的相互紧密配合才能顺利运转，之前由于三方面存在沟通不畅等原因，业务没能很好地展开。一般来讲，内视镜的检查是在专门的内视镜室进行的。医生和技师会在内视镜室等待，护士则负责按照顺序诱导患者进入内视镜室接受检查。由于患者进入内视镜室的时间是事先设定好的，而且据说有一次护士看到前面的检查已经结束，就提前安排患者进入内视镜室，结果被医生大骂了一通，因此从那之后，前面的检查即便是很早就结束了，护士也会等到时间到了才安排患者进入，这实际上会让医生和内视镜检查技师产生时间空白，工作效率不高。

在导入阿米巴经营之后，由于内视镜检查业务是作为一个阿米巴来运营，为了追求阿米巴结算数字的提高，就必须增多内视镜检查的实施效率。因此三个岗位之间的壁垒被大大降低。阿米巴经营导入后，内视镜检查的月度平均次数由之前的 529 件提高到了 576 件，提高了约 10%，而单位时间附加价值也由之前的 — 423 日元变为 118 日元。在阿米巴经营导入当初部门绩效扣除人工成本之后还是赤字，在 2013 年的时候彻底改善了收支状况，实现了向经营黑字的转变。

最后再来看一下康复中心。在康复中心，员工都曾经有过一个想法，就是患者人数增多之后，护理服务的质量肯定会打折扣。在我们在天神会内部开始推行部门内会议制度的时候，古贺理事长几乎参加了所有阿米巴的内部会议。在参加康复中心的内部会议时，有人提出了患者人数增多会影响护理质量话题时，古贺理事长做了如下的评论："那种想法是错误的。存在这种想法，是因为你只想到维持对一个患者提供服务的质量。但是，只有我们做到了能为多名患者提供高质量的护理服务，我们医院的整体服务质量才会提升，不是吗？"自此，康复中心成员的思维方式发生了彻底变化。仅仅是思维方式的变化，就让康复中心的月平均康复实施件数由原来的 2659 件变成了 3945 件，税前利润提高了 1995 万日元（见图 4-11 ~ 图 4-13）。

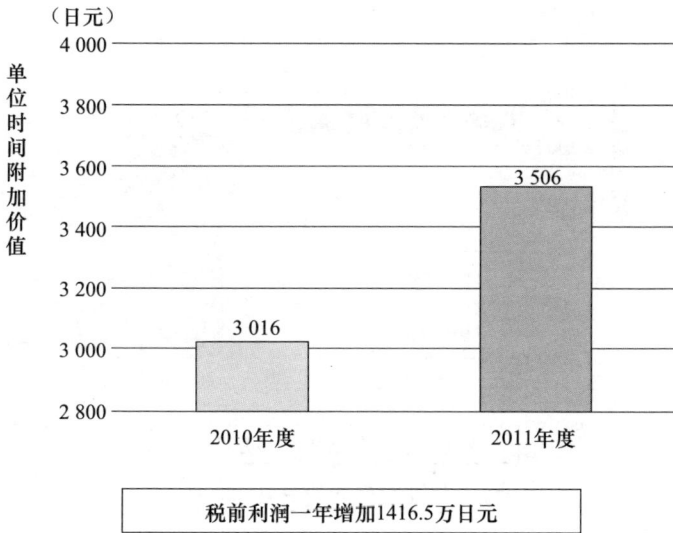

税前利润一年增加1416.5万日元

图 4-11　阿米巴经营的成果①病房

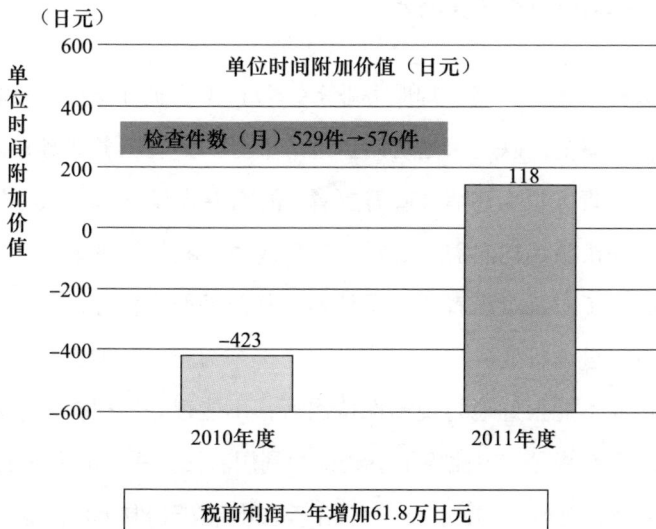

税前利润一年增加61.8万日元

图 4-12　阿米巴经营的成果②内视镜中心

（日元）

单位时间附加价值

实施单位数（月）2 659 → 3 945

2 209

1 705

2010年度　　　　　2011年度

税前利润一年增加1 995万日元

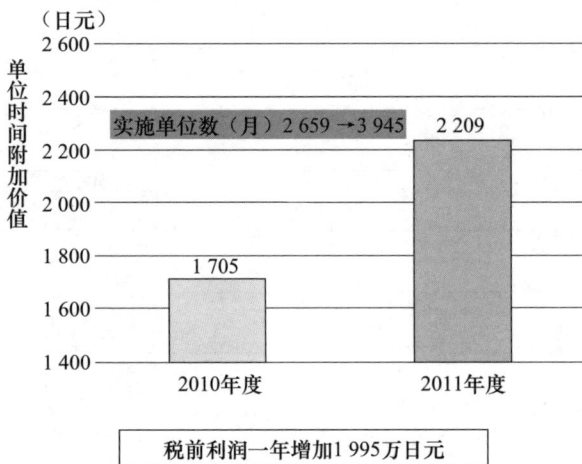

图4-13　阿米巴经营的成果③康复中心

从孤军奋战到全员经营

　　天神会还在开展护理服务业务，包括家庭护理支援、来院护理、来院康复，以及家庭访问护理等业务。护理服务业务，是护理业务负责人根据患者（或需要者）的需要来设计护理服务展开计划，并按照计划向需求者提供护理服务。我们发现即便天神会已经制定了对特定患者的护理计划，其他外部的护理机构还是能中途参与进来将业务拿走。这是因为迄今为止，天神会的护理业务负责人不能很好地与现场保持沟通，不能很好地把握护理业务现场的真实情况，因此为了不让预约利用者无人服务的情况发生，天神会将自己服务的协助者介绍给其他外部护理机构。

　　于是我们专门在护理部门召开了部门内经营会议，着重将能

够保证护理业务负责人与护理现场进行紧密沟通的联络机制建立
起来。经过了一定的运营和磨合，联络机制初显成效：护理业务
负责人与现场紧密联系，详细听取现场护理人员的汇报，并适当
调整和安排剩余力量，很快就使护理部门来院康复的服务使用者
人数由原来的 392 人增加到 560 人，税前利润也增加了 1407 万日
元（见图 4-14）。

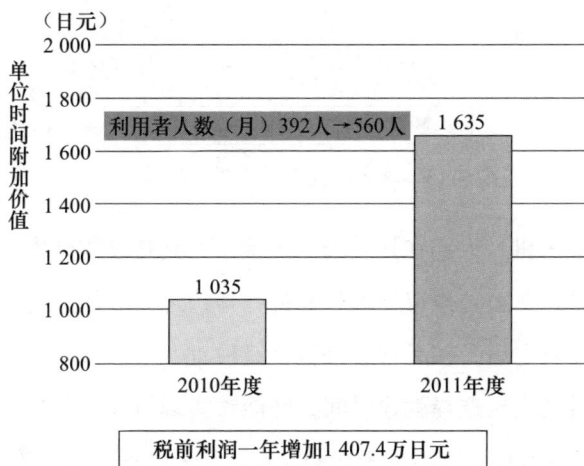

图 4-14　阿米巴经营的成果④护理部门（来院康复）

　　导入阿米巴经营以后，体检中心是业绩增长最多的部门。税
前利润增加了 4000 万日元，单位时间附加价值由原来的 1849 日
元大幅增长到 2398 日元。以前，为了增加前来体检的人数，基本
上只有护士长一人在努力。周围的人都只是冷眼旁观："那个人，
自己一人在努力呢。"当时增长最难的科室是胃镜科，几乎很少有
人前来就诊。导入部门结算制度之后，胃镜科成为一个独立核算
的阿米巴，情况就不一样了（见图 4-15）。

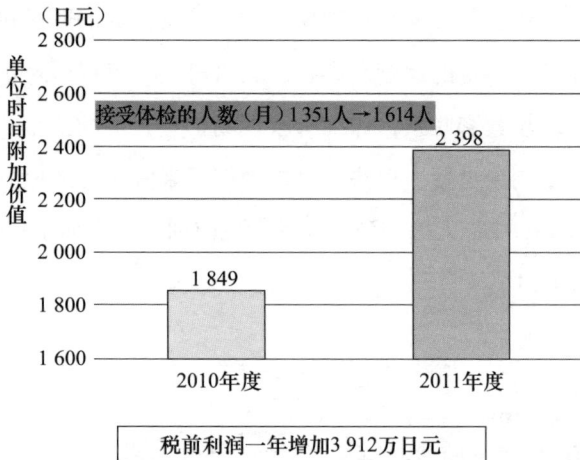

（日元）

单位时间附加价值

接受体检的人数（月）1 351人→1 614人

2 800
2 600
2 400　　　　　　　　　　　2 398
2 200
2 000
1 800　1 849
1 600

2010年度　　　　　　　2011年度

税前利润一年增加3 912万日元

图4-15　阿米巴经营的成果⑤体检中心

一般来讲，人们在接受全面体检，尤其是具体到胃镜检查的时候，需要在医院规定好的日期进行预约之后才能进行。在导入阿米巴经营之后，在天神会进行胃镜检查，人们基本上可以根据自己的时间安排选择就诊时间，并能够实现男女在不同的房间进行体检。这些体贴入微的考虑和安排，都来自现场人员的智慧。

可以说，阿米巴经营的导入，让天神会的各个部门都发生了翻天覆地的变化。

下一代领导人才的培养

天神会的阿米巴经营，最初是在技师、护士等辅助人员中率先导入的。首先从削减经费开始，但能够削减经费的程度毕竟是有限的，为了增加营业收入，辅助人员开始自发地向诊疗医生提出协力要求。比如放射线部门新购入了一台医疗设备，为了能让新医疗设备的利用率提高，技师自发地奔走于各个诊疗部门进行营销："我们新购入了这样一台医疗设备，可以进行这样的检查。"

在病房，住院患者什么时间服用什么药，一般都是护士在日程表上做记录。如今，药剂部门的人前来开展营销，承担了护士的这项工作。在2012年政府进行的医疗价格改革中，规定如果医院在病房安排专门的药剂师负责药品的管理工作，可以获得相应的补贴。药剂师在第一时间就掌握了这条信息，并进行了专门药剂师的设定。医疗价格改革的涉及面非常广，而且规定也特别细致，如果不能清楚详细地理解各项规定，医院极有可能漏掉一些本来可以获得补贴的事项。在实施了部门结算制度之后，谁都想提高自己部门的绩效，因此大家对医疗价格改革的学习变得空前主动和认真。

在我们开始进驻天神会导入阿米巴经营的2010年，天神会的营业额利润率为7%，在2013年度，这个数字超过10%。实际上，最近天神会收购了久留米市一家破产的老年人保健护理医院，于2013年4月将其改为老人公寓并开始营业。如果没有这次收购，天神会2013年的营业额利润率定会超过15%。这个数字，对于医疗机构来讲可谓非常高的利润水平了。

对于阿米巴经营的导入，古贺理事长如此说："阿米巴经营导入后，我们以阿米巴领导者为主体实行了部门结算制度，这让我们培育了大批优秀的后备管理人才。我们通过召开医院法人全体经营会议，共同讨论各个部门之间发生的问题，这让医院内部各个部门之间的壁垒消失了，使得我们能够更加迅速地解决我们所遇到的各种问题。"天神会通过导入阿米巴经营强化了整个医疗法人的经营基础，培育了大批有经营能力的人才，可以说，天神会已经为规模的扩大和进一步的发展做好了准备（见图 4-16）。

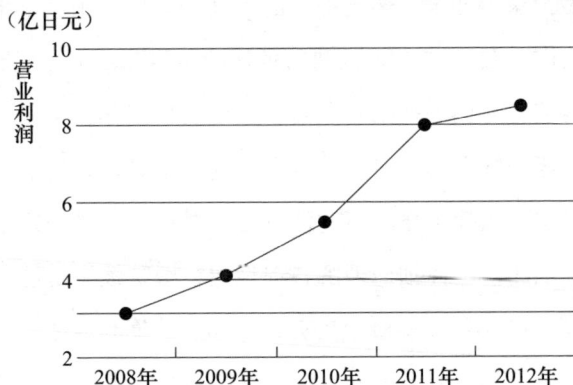

图 4-16　天神会的营业利润的推移

护理行业开始导入阿米巴经营

近年来导入阿米巴经营的，不仅有医疗机构，专门从事护理业务的机构和法人也逐年增多，到 2014 年 4 月为止导入阿米巴经营的护理机构总共超过 30 家，它们都实现了经营黑字。与医疗领域相同，护理业务的价格是由政府按照业务的详细区分规定的。因此开展护理业务机构经营如今变得十分艰难，跟医疗机构一样，必须在微薄的利润中力图安定和稳健地发展。另外，由于护理行业工作的特殊性，人才的流动性非常大，如何确保人才的稳定和成长，也是护理机构的重大课题。就是在这样严峻的经营环境下，阿米巴经营发挥出超乎想象的威力。

接下来就让我们一起来看护理机构导入阿米巴经营的案例。

案例 4-2 ：CARE SERVICE 来院护理实现了 98.4% 的惊人运转率

CARE SERVICE 是以东京都大田区为中心，集中在当地开展来院护理（Day 服务，是指需要接受护理的人一天内特定的时间段到设施里面来，为了提高和维持身体机能而接受辅助运动、疗养、入浴等服务。患者的来院和离开一般均由公司派专车接送）、家庭访问护理，以及天使服务（对过世者的遗体进行处理的业务，此种业务曾因电影《送终人》而一度走红）的护理专业公司。

公司是福原敏雄社长在 26 岁时创立的。创业之初的主要业务是清洗卧病在床老人的被褥，经过几年的发展最终进入现在的护理行业。1991 年公司设立提供家庭访问服务的 CARE SERVICE，并于 2004 年实现了在大证 Hercules（后来与 JASDAQ 合并）上市。之后，CARE SERVICE 作为一家能够全方位提供护理服务的公司，以东京 23 区为主要服务范围顺利开展自己的业务，并建立了多数的分支机构，如来院护理设施 53 处，天使服务设施 18 处，家庭访问护理设施 14 处，居家护理支持服务设施 10 处，另外还有老人公寓 3 处。目前员工人数为 670 人（算上钟点工、小时工等非正式员工可达 1130 人），并预计在 2014 年招聘 60 名大学毕业生加入。

　　这样一家公司，看上去发展得非常顺利，但福原社长如是说："我是一个不满足于现状、积极向前追求发展的人，我的员工跟着我肯定很辛苦。回顾一下公司整个发展历程，扪心自问一下我们的人才培养，我觉得还是有很多的不足之处。"

　　从福原社长的话语中我们可以看出，福原社长是想让员工都能积极地参与公司的经营中来，并为公司未来的发展和员工的成长营造更好的经营环境。正是因为福原社长的这种想法，2011年，公司开始导入阿米巴经营。

　　福原社长本来就是稻盛先生的粉丝，读了稻盛先生的很多书，听了稻盛先生的很多讲话录音，并积极地参加了盛和塾的学习。对于稻盛先生，福原社长如此评价："稻盛先生是我最尊敬的经营者，更是我的人生导师。所以我非常希望能够在自己的护理企业里导入稻盛先生创立的经营哲学和阿米巴经营。"

　　福原社长将阿米巴经营导入的重心，放到了人才培养和组织建设上面。首先，他希望公司有更多能够进行独立思考并具有高度执行力，自己设定高度目标而且能自主进行挑战的人才。其次，为了让这样的人才充分发挥其作用，还需要建立和完善企业内部的组织环境。

　　为了实现以上目标，公司迈出的第一步是"CARE SERVICE 经营哲学"的制定。福原社长虽然在盛和塾学习了很多关于经营哲学方面的内容，但如何在自己的公司内部实现落地，却是一个不小的课题。2012年，他参照京瓷的经营哲学，根据护理行业的实际情况总结制定出了自己公司的"CARE SERVICE 经营哲学"。

　　对于企业的经营理念，福原社长做了更加明确的调整，如下：

我们向每一个客人提供能让他们感受到尊严的服务。

我们追求全体员工及其家族的幸福。

包含这两项内容的经营理念的提出，相当于对公司的全体员工作出了以下承诺：公司按照经营哲学的指导方针进行运营，目的不仅是满足顾客的需要，同时为了实现所有员工及其家人的幸福。

就像京瓷的经营哲学一样，福原社长将 CARE SERVICE 经营哲学印刷成小册子发给每一个员工，并设定了各种学习经营哲学的研讨会。在每个分支机构，除了在每天的晨会上让员工每人轮读，还倡导各个分支机构的负责人自发地组织一些经营哲学学习会。"如果不将经营理念和行动方针共享，那么即便在某个经营干部个人的努力下完成了工作目标，而如果这个人离开了的话，工作仍然不能实现顺利运转。这样就谈不上永续发展。所以我们必须共同学习经营哲学，并以此作为我们行动的指针，齐心协力共同实现业务的正常开展。"（福原社长）

向顾客联络负责人提供所需信息，获得信赖

在深入学习经营哲学的同时，公司也开始部门结算制度的导入。在公司主营业务的 Day 服务事业里，导入了运转率这个概念。这里所说的运转率，是指在部门尽最大努力所能服务最大限度人数的前提上，看实际具体为多少人提供护理服务（运转率＝实际服务的人数／能够服务的最大人数），是直接与营业额和利润挂钩的重要指标。能不能让部门的运转率最大限度地接近 100%，

稻盛和夫

这就要看各个部门负责人（阿米巴领导者）的本事了。这也需要部门每个员工都保持高度的意识和工作积极性。"以此作为手段，将运转率和经费等数字向所有员工公开，让大家都关心经营并参与到经营中来，这就是阿米巴经营发挥威力的地方。"（福原社长）。这里有一个典型的案例，就是 CARE SERVICE 公司位于大田区池上的一个分支机构——Day Service 德持南分所。

就是在这个分支机构，年平均运转率竟然高达 98.4%。Day 服务，根据护理员工的人数等计算出的每天所能服务的最大顾客数，这被称为"定员"。德持南分所的定员人数为 25，也就是说，平均每天对 24.6 人进行护理服务。一般来讲，运转率能达到 80% 就算是非常优秀了，德持南分所却实现了远远超出 80% 的惊人运转率。

这种 Day 服务，有时候顾客会因身体状况不适或其他原因而取消预约。如果不对预约取消造成的空缺进行任何补救，那运转率肯定会下降。德持南分所也积极联络一些顾客联络负责人，并与他们保持紧密的沟通，所内一旦因预约取消出现空缺，就立刻联系他们安排临时的顾客前来接受护理服务。[⊖]因为顾客联络负责人需要为每一个顾客制订护理计划（什么时候，到哪个分支机构，接受什么样的护理内容），所以他们掌握着顾客的各种信息，顾客是否需要护理服务，需要怎样的护理服务，都是顾客联络负责人与顾客以及顾客的家人商量决定的。

⊖ 在 CARE SERVICE 公司，顾客联络负责人不属于任何分支机构，只负责与所辖地区的需要接受护理服务的顾客进行联系。分支机构如果想获得更多的顾客，就需要与顾客联络负责人紧密联系，根据顾客实际需要安排顾客的护理计划。——译者注

因此，如果分支机构想要通过安排临时顾客前来接受护理服务的方法来填补因取消而出现的空缺，就需要与顾客联络负责人之间建立坚实的信赖关系。因此，德持南分所的现场护理人员每天都会对三位接受服务顾客的身体状况等通过传真向相应的顾客联络负责人进行汇报。一般来讲，分支机构的所长等需要对各个顾客联络负责人开展营销，展示自己分所的特点和实力，以便让顾客联络负责人为自己介绍更多的顾客，而德持南分所就是在这个基础上增加了现场护理人员向顾客联络负责人汇报这一条内容。

实际上，顾客联络负责人非常想知道自己联系的顾客是否正按照预定的护理计划在接受护理、身体的康复状况等，因此能从现场护理人员那里得到顾客状况的汇报，对他们来说是非常高兴的事情。

"我们做这些，就是想让顾客联络负责人记住我们所现场护理人员的名字。"德持南分所的寺尾伸也所长如是说。通过多次汇报，顾客联络负责人就会想，"这个现场护理人员做得还真是不错"，也就能增强分所与顾客联络负责人之间的信赖关系。相互之间建立了坚实信赖关系的顾客联络负责人增多了之后，他们会积极地介绍顾客前来接受护理服务，因此德持南分所创造了惊人的运转率。

经费削减从改变员工意识开始

护理人员之所以能够积极地努力提高运转率，是因为他们开始关注与经营相关的数字。

每个月月初，每个部门的结算表都会被计算出来并公开，在德持南分所每个月都会召开一次全员参与的结算表分析会。

"在这个会议上，我们对所有员工公开我们的结算表，并对他们详细解释运转率、经费、利润、加班时间等指标数字。慢慢地，员工就开始关注自己的工作绩效，比如有人会问：经费里面的护理用品项目都是购买了一些什么物品，等这样的问题。还比如分析了照明取暖费、租赁费用、接送车辆费用等之后，有人曾感叹：这些细小的地方竟然要花这么多钱啊等。当然，最初有过这样的问题，比如阿米巴到底是什么啊，我就逐条给他们解释，结果在解释的过程中，我加深了对于阿米巴的认识。"（寺尾所长）

德持南分所的员工一共有 11 人，其中约一半为临时雇用的非正式员工。企业的经营，对他们来讲可以说是一个非常遥远的东西，但由于结算表跟家庭收支表的形式差不多，他们几乎没有遇到任何阻力就接受了。在实行了多次的结算表分析会之后，逐渐地，员工之间"闲谈少了，关于工作的交流和沟通增多了"。（寺尾所长）也就是说，在员工们平时的谈话当中，提高运转率、削减经费、削减加班时间等话题增多了，这就意味着员工在日常的工作中，对这些内容带着强烈的意识。

员工的意识改变，最初反映在经费上面。在结算表分析会上看了各个项目的数字之后，员工当中有人就提出这样的问题："照明取暖费竟然花这么多啊""这个月的车辆维护费为什么要比上个月多呢"。此后，员工就因为意识到照明取暖费采取一些措施，比如用完洗手间之后关灯，关掉没有人的房间里的空调等。这些细小琐碎的事情，对于经费削减来讲是极其重要的。到了下个月，看到自身努力的结果在数字上得到了反映，员工当然会非常高兴，并自然而然地想到还有没有别的地方可以削减经费，这样就形成了一个经费削减的良性循环。

德持南分所在购买护理用品和办公用品的时候，导入了稻盛先生的"随用随买的精神"，不进行一次性大量购买，而是在需要的时候买入需要的量。护理用品和办公用品等，一次性大量购买的确会让商品的单位价格有所下降，但实际上一次性购买太多会造成大量的浪费，最终使得成本上升。德持南分所还导入了双重检查机制，比如购买圆珠笔或洗手间用手纸的时候，以前，是管理人员根据自己的判断进行购买，现在，首先需要所长的检查："有没有购入的必要？""必须是这个牌子吗？"然后对购入的数量和价格再一次核查。

成功大幅缩短加班时间

德持南分所为了推行业务改善，还导入特殊的改善工具——一张 A4 纸的"课题表"。

每个员工，每个月都在这张课题表上自由地填写自己本月希望解决或达成的课题。比如有个员工这样写："对每一位前来接受护理服务的顾客，用真诚的笑脸打招呼。"还有人写"每天说 100 次谢谢""将费用削减 ×× 日元""将加班时间缩短 ×× 小时"等。这张课题表的导入，让每个员工每个月在业务改善上都有了具体

稻盛和夫

又明确的奋斗目标，让员工们更容易有条不紊地开展工作。

的确，护理业务，尤其是在忙碌的时候，加班似乎不可避免。比如顾客的接送车辆在路上花了太多的时间，或者开会时间拖延了，或者要准备大型活动，或者要填写护理记录等，可以造成加班的原因多种多样。

在 CARE SERVICE 公司有这样的规定，就是加班需要事先向分所所长提交加班申请。在加班的时候，本来一个小时就能完成的工作，如果再跟同事稍微聊聊天，可能就需要两个小时才能结束。为了改善此种状况，寺尾所长在每次的结算表分析会上，都会通过数字，针对加班时间会给分所的利润带来多大影响进行详细易懂的说明，还让每个员工在每天的工作汇报书里面明确记录上个月的加班时间，以及本月加班时间的削减目标。

关于如何削减加班时间，寺尾所长专门召集大家开会讨论。

让员工认识到削减加班时间的重要性的，还是结算表。加班时间增多了，单位时间附加价值量自然就减少。有时，经过大家的努力，虽然营业额有了很大的提升，但如果加班时间增多，最终利润并不会有有实质性的增加。看了每个月的结算表，再听了寺尾所长的讲解，德持南分所的努力有了成效。

与阿米巴经营导入之前相比，德持南分所的经费和加班时间都实现了两三成的削减，这大大地改善了德持南分所的经营。

大幅提高工资水平

一般来讲，护理行业的工资水平比起其他行业来讲要低很多。

162

也正是由于较低的工资水平，造成了较高的人才流失率，从而导致护理企业经营不稳定。所以，只有所有员工团结一致，在提高服务质量的同时削减经费，提高劳动效率，才能增加企业的利润，才能提高企业的工资水平。

2013 年，CARE SERVICE 公司做出承诺，"对入职半年以上的 933 名员工的平均年收入提高 6%"。福原社长将自己"率先实现护理行业待遇改善"的梦想变成现实。由此，CARE SERVICE 公司朝着自己"我们追求全体员工及其家族的幸福"经营理念的实现迈进了一大步。当然，工资待遇的提高需要足够的利润来支撑，阿米巴经营正是为此做出了贡献。

今后，CARE SERVICE 公司确立了在继续推行和渗透阿米巴经营与经营理念的同时，将德持南分所这样的成功经验在公司其他分支机构进行推广的方针，正朝着进一步的发展和壮大而大步前进（见图 4-17）。

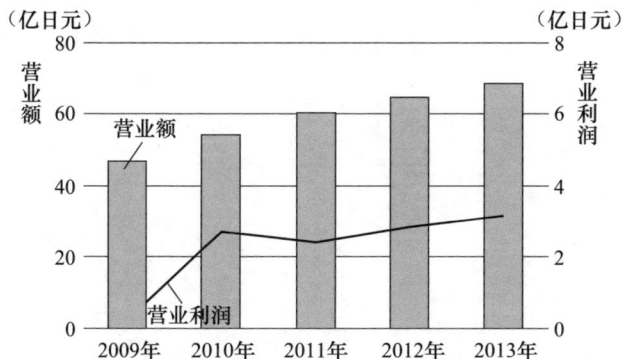

图 4-17　CARE SERVICE 公司的绩效推移

第 5 章

在全世界扩大的阿
米巴经营

日航重建的成功，成为阿米巴经营实现巨大扩张的契机。如今，不仅在日本国内，来自海外世界各地的关于阿米巴经营咨询蜂拥而至，其中反响最大的是中国。

本来，稻盛先生在中国就非常有人气，盛和塾的学生已经超过了1000人，稻盛先生的著书总是能成为畅销书。在日航重建成功之后，想学习阿米巴经营和经营哲学的声音更是史无前例高涨。

为了满足来自中国的深切要求，KCCS管理咨询公司为了向中国企业更好地提供关于阿米巴经营导入的咨询服务，2012年6月末在上海成立了京瓷阿美巴管理顾问（上海）有限公司（KAMC）。稻盛先生担任名誉董事长，我担任董事长。顺便说一句，在京瓷集团里面，稻盛先生担任董事的公司，仅有包括KAMC在内的几家而已。

7家中国企业的阿米巴经营导入

在KAMC公司成立之后，很荣幸地，马上就有两三家中国企业委托我们帮助它们导入阿米巴经营。到现在为止，我们已经在7家中国企业导入了阿米巴经营（见表5-1）。我们定期开展了"京瓷阿米巴经营研讨会"（4天），迄今为止共有来自46家企业的99人参与并学习。

表5-1　导入阿米巴经营的中国企业

公司名称	所在地	行业
罗莱家纺股份有限公司	上海市	床上用品销售
新一佳超市有限公司	深圳市	超市经营

（续）

公司名称	所在地	行业
沈阳富创精密设备有限公司	沈阳市	电子零部件制造
畅游网络天下有限公司	北京市	游戏开发
北京市麻辣诱惑酒楼有限公司	北京市	餐饮
广联达软件股份有限公司	北京市	软件开发
富阳数码装饰工艺品有限公司	富阳市	窗帘制造和销售

在中国，有很多企业经营者正在因企业的经营方法而烦恼。借国民经济实现腾飞的东风，中国企业实现了快速成长，然而近年来中国经济的大环境开始出现变化，经济发展开始放缓，企业家们感觉到了迄今为止经营方法的局限。

众所周知，大部分的中国企业都是利用成果主义激发员工的工作积极性。实际上，正是这种成果主义让企业经营陷入了困境。记得有一次，一位中国的企业家问了我这样一个问题：

"一开始的时候，我觉得成果主义的经营方法是一种非常有效的手法，但随着公司规模的扩大，成果主义却开始变成绊脚石。公司的干部都不去积极抬高自己的目标，因为在成果主义经营方法中，如果他们不能完成目标，收入就会下降。京瓷公司是怎么做的呢？"

成果主义会毁掉企业

企业的绩效就是如此，如果没有干部员工高昂的斗志，如果没有"为什么不朝着更高的目标而奋斗"这样的环境，无论经营者如何絮叨，都不会实现持续的增长。

在成果主义的经营方法下，绩效提高了，工资会有大幅提高，相反，如果绩效降低了，工资水平也会有大幅缩水。绩效下降的时候是最需要员工咬牙努力的时候，然而由于工资水平的下降却直接引发员工斗志的衰退，这会形成一个恶性循环。即便是迄今为止做出巨大成绩的人，在严峻的经营现实面前，如果内心有了"这样下去还会再增长吗"这样的疑问，那他自然而然地就会畏首畏尾、犹豫不决。

阿米巴经营对成果主义持否定态度。阿米巴经营的基本方针，就是通过实现经营的全员参与，大家齐心协力共同盈利，在追求物质和精神两方面幸福的同时，为世界的发展做出贡献。成果主义强调胜者为王，败者为寇，而且更能制造出大量的失败者，因此这与强调全员参与的阿米巴经营是截然不同的。

当然，阿米巴经营对优秀的人才也会进行高度的评价和表彰，但评价和表彰的方法与成果主义是完全不同的。企业需要的是能够长期创造成果、做出业绩的人，所以我们推行的人事考核机制是每年只进行一点点的评价和表彰，经过积累和沉淀，到了某个时点则让其晋升到更高的位置，我们称为实力主义的人事制度。

在能够不断地创出高绩效的人才之中，谁是真正具有人格魅力的人，这就需要多年长时间地观察和测试。在这个过程中，可以任命他为阿米巴的领导者，也可以给他提供学习会、研修会等各种各样的学习提升机会，让其实现职业生涯的发展。

一时的成果，到底是不是那个人实力的结果，实际上很难做出判断。也许因为非常偶然地市场行情特别好，或者因为偶然地从周围同事那里获得了关键性帮助，也有可能因为他的前任当年辛辛苦苦埋下的种子偶然地在他这里实现了大丰收。

因此不能只看业务的实绩，人格魅力、思维方式等作为一个领导是否合适，这些需要从长期的视角来进行观察和判断。

如今，中国的企业开始摸索区别于成果主义的经营管理方法，开始认识到迄今为止从未意识到的道德、理念等问题的重要性。正是在这个时候，日航重建的成功让他们知道了阿米巴经营和经营哲学的存在，并立刻向我们表达了他们浓厚的兴趣。

在中国超市导入日航模式

导入阿米巴经营的中国企业，有游戏开发业的，也有床上用品制造业的；有超市，也有饭店，类型可谓多种多样。

在深圳，有一家超市叫作新一佳。集团公司共有约 70 个店铺。董事长是一位女性，由于经营企业非常辛苦，几年前曾经有过放弃经营、将公司卖掉的念头。正是在那个时候，她偶遇稻盛先生的经营哲学，对企业经营的认识有了全方位的转变："我要竭尽所能好好经营这家公司，保护员工的生活，并通过经营企业来为祖国做出更大的贡献。"卖掉公司的念头更被抛到了九霄云外。

目前，我们正对新一佳进行阿米巴经营导入。新一佳面临的最重大的难题，是非常低的利润率。利润率的低下当然有很多原因，比如其中一条就是员工的问题，有人不经允许擅自将商品带回家的情况时有发生，仓库管理无章可循、一片混乱。

我们受邀来到新一佳之后，决定先对其中的6个店铺导入部门结算制度。董事长本来希望同时在所有店铺都导入阿米巴经营，而我们建议她先在这6个店铺试行，真正做出效果之后再将成功的做法推广到其他店铺。我们为新一佳导入的是日航模式的合作对价，将公司总部负责进货的商品部设定为结算部门，商品被销售掉之后，先把所有的销售额计入商品部绩效，然后由商品部门对店铺支付合作对价。对于仓库和店铺里面出现的商品损坏或缺失，我们召集相关部门的负责人通过协商谈判的方式制定详细的规则，在什么情况下由哪些部门分别承担多少比例等。

这种做法的一个最大的特点是让商品部成为利润中心对利润负责。在日本也是如此，在零售业企业里商品部的权限非常大。非常令人费解的是有着强大权限的商品部，往往对利润不负任何责任。有权限的地方如果不负有相应的利润责任，那么企业内部的权责势必会发生混乱。商品部的采购人员面临很多的诱惑，如果不负利润责任的话，被供应商轻易说服，把销路不好的商品采购进来的情况可能发生。也就是说，检查的功能缺失。

我们让新一佳的商品部承担利润责任之后，情况马上发生了变化。店铺和商品部之间的沟通变得非常紧密。因为结算数字非常明确，商品部的采购人员为了将数字做得更好，积极地与店铺联系沟通，希望能了解哪些商品是最受顾客欢迎的。店铺方面因为能够获得合作对价而积极应对，如果商品部进了不好卖的商品，他们就会说："进这样的货让我们怎么办啊？"当然会积极地提出要求："多进点像 × × 这样的商品吧。"

以前，商品部和店铺之间几乎没有这样的交流和沟通。商品卖不掉，商品部和店铺就会相互踢皮球推卸责任，最终什么问题也解决不了。现在情况不一样了，数字会非常清楚地被计算出来，相关部门的员工为了尽量改善自己的绩效，想尽各种办法共同努力。

对于仓库的管理，我们先邀请董事长到日本，参观了京瓷公司的工厂，也联系了福冈的一家食品超市，带董事长参观了它们的仓库。然后，我们对新一佳的仓库管理进行了咨询服务。

几个月后，我们受董事长的邀请来到深圳。首先参观了新一佳公司的仓库。我们对新一佳仓库管理发生的改变而惊叹不已。仓库的安全体系得到了提升，以前在过道上凌乱堆放商品的情况消失了；商品摆放井然有序，管理员很清楚各种商品存放的位置和数量；商品的入库导入了条形码管理，机器读取的数据直接录入电脑的管理系统。以前仓库管理太混乱，进货商把商品随便推进仓库就走，或者员工不经允许私自将商品带回家等，这样的情况屡屡发生；清点货仓的时候账单与实际在库一致的时候非常少，以至于公司与进货商之间经常发生纠纷。如今，条形码管理的活用，让公司的仓库管理变得井然有序，与进货商之间的关系得到了根本上的改观。

在我们参观完新一佳的仓库后，董事长又带我们来到公司

稻盛和夫

的会议室。在会议室里，已经坐满了来自各个店铺的干部。落座之后，关于阿米巴经营的问答讨论就开始了。每段讨论结束的时候，他们都会让我来对他们的讨论进行点评。会议大概进行了一个小时，虽然不是很长，但我能够真切地感受到大家对如何提高利润、怎样做才能最大限度地改善自己的结算数字等这些问题有强烈的意识。

更容易发挥领导力的"人格魅力"

在实施部门结算制度的同时，新一佳当然加强了经营哲学的导入。做法跟在日本进行的一样，就是通过学习会和研讨会等方式教育员工如何正确做人、如何真诚待人、如何为他人着想等做人的基本道理。不说谎，不随便拿别人的东西，不骗人，每一条都是最基本的做人道理，就是这些最简单、最朴实的道理，想要做到长期严格地实践却是不容易的。这对于个人和公司的成长非常重要，因此新一佳公司积极地组织员工学习。

学习了经营哲学并能实现真正的落地之后，员工的人格魅力就会提高，思维方式也会改变，公司的收益也会改善，这反过来又能激发员工的斗志。员工的积极性提高了，对前来光顾的顾客提供的服务质量上升，顾客的印象就会变好，这更会增加来店顾客的人数，会促进店铺绩效的提高。总之，良性循环就会形成。

员工的人格魅力提高了，他周围的人会变得更加愿意与他接触，乐意与他合作，他安排的事情乐意去执行。也就是说，人格魅力的提升会提高一个人的领导力。

经营哲学能够在新一佳逐渐渗透并得到落地，这主要是因为李董事长本人非常积极地在学习稻盛先生的经营哲学，并能做到以身作则，而且积极地向员工们宣讲。

从亚洲走向世界

中国的企业家，学习了美国模式的企业经营，借中国经济腾飞的东风，将企业发展壮大起来。令人遗憾的是，他们没有接受应该如何来做一个企业领导者这种教育机会。成果主义的经营方法能够激发出人性的贪欲，能够引导人们无限度地去追求金钱利益；如今经营环境发生变化，干部和员工的管理越来越难以进行，在面对这些难题的时候，我想他们已经开始认识到自己的企业组织，其实还没有形成坚实的运营基础。

稻盛先生的经营哲学能够在中国得到如此广泛的认同，这还得力于中国盛和塾负责人曹岫云先生的大力推广。曹先生非常认同稻盛先生的理论，并积极地向中国人民和中国企业进行多方面的推广，翻译并出版稻盛先生的每一本著作，并邀请稻盛先生共同参加了中国中央电视台的节目等。

在中国古代，并不缺乏伟大的思想家，如孔子、孟子、王阳明等。令人欣慰的是现在，中国伟大的国学开始得到关注。实际上，稻盛先生经营哲学的根本是来自中国这些源远流长的伟大智慧。现在，中国的盛和塾的塾生已经超过 1000 人，曹先生设定的近期目标是增加到 1 万人。目前在全世界共有 9000 多名塾生，所以接下来来自中国的塾生将会是最多的。

现在，我们也接到了大量来自韩国、蒙古、中国台湾的希望导入阿米巴经营的邀请。阿米巴经营虽然有严格结算的一面，却更有日本家族主义温情的一面。所以我们希望，阿米巴经营以亚洲为中心进行展开，从亚洲出发走向世界，最终获得来自全球的支持和认同。

结　　语

　　在京瓷公司，我常年参与阿米巴经营体系的设计和运营，而且在后来作为京瓷集团内部子公司的经营者有过成功利用阿米巴经营改善经营业绩的经历。可以说，阿米巴经营是经过我自身验证过的富有成效的经营方法。

　　那是在 1986 年，我在京瓷集团内部设立了 APS，是一个创业型事业部。在京瓷，20 世纪 80 年代早期就购入了个人电脑，现在说起来可能难以置信，当时买来电脑之后我们几乎都不知道该用它来做什么。花了很多钱买来这么贵重的设备，总不能让它就这么闲置，经过反复思考，最终我们想到用电脑来收集和处理阿米巴经营所需要的各种各样的经营数据。

　　最初，我们用电脑收集管理订单余额、生产实绩等数据信息，并通过电脑屏幕进行展示，后来逐渐地开始学着运行一些程序，发现电脑真的可以在很多领域进行活用，于是我就创立了 APS 这个集团公司内部的创业型事业部，主要从事信息系统事业和针对京瓷集团内部子公司的阿米巴经营的咨询服务事业。后来，阿米巴经营的咨询服务业务不仅在公司内部，也可以对其他外部企业提供咨询服务。1995 年，我把这个创业型事业部发展成为京瓷信息系统株式会社（KCCS），实现独立，并担任了公司社长。

京瓷信息系统株式会社在成立两个月后，接手了京瓷电子机器（KEK）这家公司。KEK公司原本是生产销售电阻器的企业，由于经营恶化最后被京瓷公司收购，并转型为主要负责PHS基地据点建设和维护的子公司。由于受到之前经营恶化的拖累，进入京瓷集团之后还是没能摆脱赤字的困境，于是就被合并到KCCS里来了。当时KEK负有十几亿的负债，所以KCCS刚成立两个月就一下变成了背负重大债务的企业。

再看一下KEK的内部经营，可以说是问题成堆，而且KCCS由于接手了KEK，员工人数也一下增加了很多。其中原先隶属于京瓷的人有340人，出身于KEK的有280人，还有147人是后来加入公司里来的。如何把这三帮人顺利地整合到一起，这本身就是一个巨大的难题。

KEK出身的人已经对赤字经营司空见惯，而新加入公司里的人则对京瓷集团了解得不多。京瓷出身的人则更是认为"我们只是京瓷公司派遣过来的，与KEK无关"。所以，当时公司可谓是一盘散沙。

为了解决这个问题，只有彻底地执行阿米巴经营。首先是部门结算制度的导入和经营哲学的教育。第一年，我们以京瓷的经营哲学为基础制定了KCCS手册，并分发给所有员工，要求大家努力进行研讨和学习，这初步实现了员工的团结一致。

到了1996年1月，KCCS发表企业的经营方针，要将企业建设成为21世纪的新型企业。具体来讲，就是利用距离21世纪还有 5 年的时间，为实现企业在 21 世纪的腾飞做准备。当时设定的目标值如下：销售额 500 亿日元，单位时间附加价值 5500 日元，税前利润 75 亿日元，利润率 15%。

目标设定好了，企业面前的道路却布满了荆棘和陷阱。当时，由于手机的迅速普及，我们明确看到 PHS 事业已经没有前途了。为了实现 KCCS 以通信技术为中心，将事业重心从 PHS 向手机通信基地建设和维护转移，在前三年内，我们从手机通信基地建设业和电子通信业主管部门那里获得了行业参与许可证，并进行了技术人员的教育培训，这为我们进军手机通信产业做好了准备。由于我们进军时间太晚，行业里的几个巨头手机通信公司之间的竞争已经非常激烈，对我们这样的行业新人来讲，获得订单并不是一件很容易的事情。

到了 2000 年，我们才开始获得订单，而我们的通信技术事业部一直到 2002 年都是赤字状态。其中主要原因在于因竞争激化，手机通信公司方面进行了彻底的降成本措施，这直接导致基地建设在价格上出现了大幅度跳水。

为了提高利润，我们将建设通信基地所需要的各项成本费用项目和单价列示整理出来做成一览表，结合阿米巴经营结算表的思路制定出了很简单就能进行施工成本核算的一套方法，并通过内部学习会的形式在公司内部进行推广。另外，公司将业务执行决策权设置为社长权限。作为社长，我对通信技术事业部的工程师宣布：我只会在根据结算表算出来的单位时间附加价值超过 4500 日元的业务执行申请单上签字。

实际上，当时通信技术事业部的工程师们在操作的业务，单位时间附加价值只有 2800 日元左右。由于我根本不会在 2800 日元的业务执行申请单上签字，这就逼迫现场的工程师想尽一切办法努力提高单位时间附加价值。

手机通信基地建设工程，实际上，大部分的业务都是外包给其他施工单位来做的。所以要想保证利润，只有减少外包费用和部门内部经费。为了削减部门内部经费，最直接有效的方法是减少前往施工现场监督检查的直接工数（人数 × 工作时间）。因为我只会在单位时间附加价值超过 4500 日元的业务执行申请单上签字，施工负责人就将原来 200 小时的工时缩减到 100 小时，做成申请单后来找我。

把劳动时间减少了的确可以增加单位时间附加价值，但如果将直接工时削减过多，外包比例相应地上升，这会让公司内部几百人的技术人员无工作可干。比如市场营销部门拿来 5000 万日元的订单，两个月的工期，按照 100 工时来算的话，那这 5000 万日元的业务仅仅够发两人的月工资，这对于拥有 300 多位工程师的公司来讲，根本就不够维系生存。从这个角度来看，市场营销部门的努力，其实只是养活了外包公司。

"5000 万日元的订单，至少能够让我发 10 人的月工资。"我将此话对负责工程的技术部门负责人说了多遍。最终，工程负责人开始努力地考虑：在一定程度上控制外包费用的前提下，我们还能再做些什么努力呢？

结果，现场人员集思广益，最终找到了降低成本最有效的方法，就是最大限度地排除一切浪费来实现工期的缩短。这并不是要求尽量提高操作速度。工程作业，需要在确保安全的情况下进行扎实的工作，现场操作搞得太紧张反而不好。问题在于现场的工作安排。比如到了现场，才发现工程需要的材料还没运到，或者说材料运到了，但负责现场作业的外包公司的人没到等，存在大量类似的问题。在确保安全的同时将能够排除的浪费都排除掉，提高工作效率从而缩短工期，这样才能实现高的利润率。因此在各个施工现场，在技术部门负责人的指挥下，工作安排的顺序、内容以及施工时间等得到了彻底的理顺和改善。

举一个例子，我们在公司本部开设了安全质量呼叫中心，规定施工人员在到达工地开始施工的时候和施工结束的时候都需要通过电话向安全质量呼叫中心汇报当天的工作内容，并确认各个注意事项。在高楼或居民楼楼顶进行设置通信天线作业的时候，有时会忘记将登上楼顶时候的开门钥匙还给物业公司，有时甚至会忘记锁门，发生这样的问题，会给对方造成很多不便和麻烦。因此我们通过电话来逐项进行确认："门锁好了吗？""钥匙还给管理员了吗？"对外包公司，我们将呼叫中心的电话号码告知他们，让他们在遇到问题或突发事件的时候及时联系我们，以便于我们及时地采取对策进行解决。

通过以上这样的诸多努力，KCCS 的通信技术事业部的业绩由 2001 年度的营业额 89 亿日元，税前利润赤字 12 亿日元，到 2007 年的时候变成了营业额 272 亿日元，税前利润黑字 19.5 亿日元，单从利润上看实现了 30 亿日元的改善。2006 年的时候，负

责提供阿米巴经营咨询服务的事业部从 KCCS 独立，成立单独的
KCCS 管理咨询株式会社（KCMC）。

2012 年，KCCS 整体的营业额已经突破了 1000 亿日元，之
所以能够取得这样辉煌的成就，正是归功于阿米巴经营，归功于
与市场直接相连的部门结算制度的确立，归功于带有经营者意识
的人才培养，也归功于全员参与经营的实现。

KCMC 经常会召开一些中小企业经营者参加的交流学习会。
在交流学习会上，有时候当我们讲到 KCCS 上面这些辛酸的时候，
有的中小企业经营者曾发表过这样的感想："KCCS 之所以能够取
得如此巨大的成功，是因为 KCCS 里面有很多优秀的员工吧。"但
从我接触阿米巴经营超过 45 年的经验来看，企业经营是否能取得
成功，这与员工是否优秀并无太大的关系，关键是要看员工对一
个课题会带着多大的使命感去绞尽脑汁地力图战胜它。无论如何
也要搞定它，在这样强大的信念之下积极努力地思索，定能迸发
出耀眼的灵感火花。相反，非常优秀的员工因为本身带有很强的
自信，有时却会对他人的意见建议充耳不闻，这反而会出现团队
不能很好运转的现象。

另外还有重要的一点，就是如果自己对于某个问题积极努力
地去进行挑战的时候，周围的人也会积极地伸出援手。有时我们在
看访谈节目，问成功人士成功的秘诀时，对方一般都会回答说："这
都是因为有了周围大伙儿的帮助和关照啊。"然而很奇怪的是，几
乎没有访谈者会继续追问："为什么大家会这么积极地帮助和关照
你呢？"实际上，成功的秘诀，正是藏在这个问题的后面。

看到有个人在非常努力地做一件事情的时候，估计无论是谁都会想到能帮就帮他一把。这就是强大的信念，也是取得成功的原动力。当这种信念强大到某种程度，它所产生的能量会超出人们的想象，会将周围的一切力量都汇集起来，最终促使事业取得巨大的成功。

阿米巴经营，是能将经营者和员工所拥有的强烈愿望和信念发挥到极致，并最终做出成果最强大的工具，也是能拨动劳动者心弦的经营手法。这一点，与诞生于欧美国家的以白领为中心的经营手法是截然不同的，这也正是我们自信和自豪的一点。

无论是对于与以往相比稍微失去活力了的日本企业，还是对于接下来会在世界大舞台上大显身手的其他企业，我都希望能够在全球尽可能地推广我们的阿米巴经营，在企业的经营者和所有辛勤劳动的员工追求幸福的道路上，让我们贡献自己的力量。

致　　谢

从创立推广京瓷的稻盛和夫名誉会长构建的经营手法阿米巴经营，并提供咨询服务事业，到如今正好走过了 25 个春秋。迄今为止，很多企业经营者都来问我怎样做才能正确有效地运用阿米巴经营，是否能够通过实际的案例来讲解等这些问题。因此，我写了这本书，希望我多年来从事阿米巴经营咨询服务活动的成果，能够为解除各位的疑惑尽一份微薄之力。

同时，在从事阿米巴经营咨询服务业务的同时，我强烈地认识到了从学术角度对阿米巴经营进行体系化，并探求其中理论体系的重要性，于是与很早就开始关注和研究阿米巴经营的神户大学加护野忠男教授一起，于 2006 年共同创立了阿米巴经营的研究组织阿米巴经营学术研究会。

这个阿米巴经营学术研究会最初的参加者，主要是来自一桥大学、神户大学、京都大学的经营学、会计学的学者，现在有更多大学的学者已经参与进来了。这个学术研究会的目的，首先是"在学术上将阿米巴经营确立为 21 世纪能够代表日本的管理会计"的同时，"通过对阿米巴经营进行研究，以及研究成果的发表和公开，促进产业社会的启蒙，并推动企业的发展"。在这样的方针目的的指引下，我们从事了大量研究工作。

2009 年，我们召集了阿米巴经营学术研究会的第一次研讨大会。稻盛和夫名誉会长、学者、学习阿米巴经营的"阿米巴经营俱乐部"的企业家们参加了这次盛会。在这次大会上，我们发表了诸多对阿米巴经营的研究成果。2010 年，我们将这些研究成果整理起来作为我们研究的集大成，出版了书籍《阿米巴经营学：理论与实践》。另外，原一桥大学教授广本敏郎先生与新西兰奥塔哥大学教授 Ralph W. Adler 共同完成的关于阿米巴经营的合著论文 *Amoeba Management：Lessons From Japan's Kyocera*，也被美国麻省理工学院斯隆管理学院的杂志 *MIT Sloan Management Review*（2012 年 9 月）刊行。这使得阿米巴经营在海内外有了初步的传播，获得了极高的评价。

前面提到过的加护野名誉教授曾经如此评价阿米巴经营："以前的经营体系基本上都是以白领工作者为中心来展开的，相对而言，阿米巴经营则不论白领或是蓝领，能够让所有员工都对企业、对经营感兴趣并参与进来，这是阿米巴经营最大的特点，正因此，阿米巴经营要进一步发展成熟，为全世界的发展做出贡献。"企业赖以生存的经营环境，正以越来越快的速度发生改变。即便在这样的状况下，阿米巴经营却始终如一地保持原有的原理在运转和实践。

一般来讲，作为经营管理咨询公司，需要为企业提供"如何改善企业的经营状况"的解决方案。为了实现企业的长期安定的发展，一直以来，我们始终如一地以"理念的渗透"和"经营体系的建立"这两方面为原点，向各行各业的客户企业提供我们的咨询服务。

当然，阿米巴经营自身也在不断发展进化。不仅局限于制造业，正如我们在日航重建中看到的那样，阿米巴经营在全新的事业领域中，不论企业的规模大小，也不论企业所处的行业如何，都能为企业绩效的改善和发展做出巨大的贡献。这足以证明，阿米巴经营所强调的最基本思维方式，活用人才，培养人才的机制，能够增强企业的活力和体制，无论在怎样的经营环境中都能持续地做出非凡的成绩。

我相信，越是在现在这种激流勇进的时代，被称为"心灵的经营"的阿米巴经营会受到越来越多的关注。

本书的出版得到了诸多方面的大力协助。这里首先需要感谢作为阿米巴经营案例登场的日本航空、荻野工业、天神会、CARE SERVICE、新一佳等各个企业的相关人员。也要感谢尽心尽力对本书进行编辑的日经BP社出版局的冲本健二先生，以及帮助我整理书稿的KCCS管理咨询株式会社的浅田英治社长、井田芳夫顾问，经营企划部的堀直树先生和八代彩子女士。最后，希望本书能为大家企业经营的改善和企业活性化的进一步发展尽一份绵薄之力。

阿米巴经营早知道

1. 每个员工都是主角

观点：在阿米巴经营中，一个阿米巴（5～10人的小组）就像是一个家庭作坊或者是商店一样，自己通过实施一些创意和努力来进行经营。

阿米巴经营是京瓷公司的创始人稻盛和夫名誉会长确立的以经营哲学为基础的一整套经营管理体系的总称。企业组织被分成多个被称为"阿米巴"的小集团，阿米巴领导者分别负责各自阿米巴的经营。领导者自己设定计划，并带领所有成员为达成目标而努力。同时，为了正确地把握每个阿米巴的经营状况，阿米巴经营执行细致的部门结算制度，并将经营结果向全体员工公开。通过这样的经营手法，阿米巴经营为实现下面三个目的而努力。

（1）确立与市场直接相连的部门结算制度。企业经营的原理原则，是最大限度地增加销售额，最大限度地降低经费。为了将这个原理原则在全公司内贯彻执行，需要构建规定每个阿米巴收支的制度，并将市场的力度带入每个阿米巴现场。

（2）培养具有经营意识的人才。在被分割出来的小组织（阿米巴），领导者对经营的全部负责。领导者每天要确认工作进度情况，也要为每个成员安排工作，就像一个企业经营者来管理阿米巴，积累经营经验，最终成长为"具有经营意识的人才"。

（3）全员参与经营的实现。在阿米巴经营，公司的经营数字在公司内部彻底公开。这样全体员工就能共享公司的经营状况。于是，"合伙人"关系取代了一般的劳动关系。全体员工共同享有公司的奋斗目标，并共同齐心协力，每个员工都作为主人公来实现"全员参与的经营"。

食品商店的案例⊖

以前，店铺只有一个放钱的篮子，而现在将其改变，对鱼、肉、蔬菜等不同商品分别设定一个放钱的篮子，这样，各种商品一天的销售额一目了然。而且我们可以了解经营的具体状况，"我们可以通过这样的方式来增加鱼的销售量"等，类似于这样的经营灵感就会被激发出来。

⊖ 根据《阿米巴管理日记》整理而成。

186

2. 所谓阿米巴组织

观点：在阿米巴组织里，所有成员都为了达成共同的目标而积极地参与阿米巴经营，这就能让阿米巴组织成为同甘共苦、相互感恩、共同燃烧的组织。

在阿米巴经营，组织被分成多个小的集团，并且以这些小集团为单位进行绩效结算。这并不是说去设立什么特别的组织构架，而是对现有的组织和部门，根据它们各自的作用和功能来划分成更能让人看懂的单位。

在每个阿米巴，都会配备一个负责阿米巴经营的领导者，并由这个领导者带领阿米巴的所有成员共同努力改善阿米巴的结算绩效。

我们所涉及的业务、流程无处不在。各项工作通过各种各样的流程得以执行。公司整体的综合实力，实际上，是由构成公司的各个部门在真正认识到自己部门的作用和责任之后，努力去执行的这种强大的使命感来决定的。还有，各个阿米巴为了改善自己的绩效，必须与其他阿米巴保持良好的合作互助关系。这样，被划分成多个小个体的阿米巴组织，在支撑公司整体向前发展的同时，也作为公司命运共同体的成员贡献自己的力量。

阿米巴组织里面，在明确作为公司整体的大的功能（如销售、生产等）前提下，进一步对这些功能进行细分和明确。那些能够独立地承担功能和相应的责任，并能单独进行核算的组织的最小单位，就被称为阿米巴。

公司由各种各样的阿米巴构成，因此每个阿米巴的经营成果提高了，整个公司的经营成果就能够得到提高，结果就会促进公司的发展。

组织的机能和基本的作用

"制造／服务"——通过生产和提供服务来创造出附加价值的结算部门。

"销售／营销"——通过销售活动来提高顾客满意度的结算部门。

"管理"——支持各个阿米巴的经营活动，促进公司作为一个整体的顺利运营。

"研究开发"——根据市场需求来研发新产品、新技术。

3. 单位时间附加价值结算表与家庭收支表相同

观点：从收入中减掉费用（支出），就能算出"余额＝盈利（附加价值）"。结算表是像家庭收支表一样简单易懂的管理资料，即便是没有财务会计知识的人，也能简单地理解经营数字的意思。

单位时间附加价值结算表的特点

（1）追求附加价值。从部门收入（总生产＝对制造部门来讲）减掉经费可以算出附加价值（差额收益）。再除以部门内部的总劳动时间，就能得到单位时间附加价值。所以，可以通过提高单位时间附加价值来提高经营成果。

	预定	实绩
总发货（b+c）		
公司外部发货（b）		
内部交易发货（c）		
内部交易购入（d）		
总生产（a=b+c-d）　小计	日元	日元
经费（e）　　　　小计	日元	日元
原材料费		
外包加工费		
电费		
……		
……		
……		
……		
利息，折旧费		
部门内部分摊经费		
工厂分摊经费		
总部分摊经费		
销售手续费		
差额收益（f=a-e）　小计	日元	日元
总劳动时间（g）	小时	小时
法定劳动时间		
加班时间		
部门内部分摊时间		
当月单位时间附加价值（f/g）日元		日元
单位时间生产量（a/g）		

		月　日
工资收入		
打零工收入		
利息，分红		
其他收入		
收入　　　　小计		日元
支出　　　　小计		日元
伙食费		
衣帽费		
水费、电费、煤气费		
居家用品费		
住宅用品		
教育费		
娱乐费		
医疗费		
保险费		
纳税		
存款		
偿还贷款		
其他支出		
现金余额　　　小计		日元

图 A-1　单位时间附加价值结算表的例子（下面的是家庭收支表）

189

（2）用金额表示。经营活动的成果不是用"制造了几个，买了几个"这种数量来表示，而是用"制造了多少钱的，买了多少钱的"这种金额来表示，这可以把握到每一日元。通过这样的表示方式，能够实际感受到金钱的流动。

（3）关注劳动时间。提高单位时间附加价值，可以通过"增加收入""减少经费开支"和"减少劳动时间"这三个方法来实现。阿米巴经营将"时间"这个概念引进来，可以让每个人感受到时间的重要性，这也可以增强企业整体的竞争力（见图 A-1）。

4. 运转结算管理的 PDCA 循环

观点：在进行月度结算的过程中，阿米巴领导者的经营者思维、部门成员的经营参与意识，都可以得到提高。

阿米巴经营通过每月运转 PDCA 循环，实现经营绩效的提高。

预定

阿米巴经营的"预定"，不是根据当月的销售预估和生产估算等算出来的，而是阿米巴领导者根据自己的想法来设定的本月应该达成的目标，那种必定完成目标的强大信念则是通过单位时间附加价值结算表体现出来。

实行

月度的结算表，是每天销售额和经费的集中统计。比如在生产部门，每天都会确认订单余额和生产的进度，每天会配置原材料等资财物品，总之，切切实实地按照生产预定完成生产任务是非常重要的。

分析

　　将结算表的预定和实绩进行比对，分析两者之间的差额。当然不仅看表面上数字的差额，更重要的是需要讨论"为了达成预定下一步该怎样做""这样的对策是否靠谱"等，分析研究差额出现的原因和对策。

对策

　　为了进一步提高各自部门的经营成果，明确下个月以及以后的工作方向和课题目标，并召集全体成员讨论问题所在（见图 A-2）。

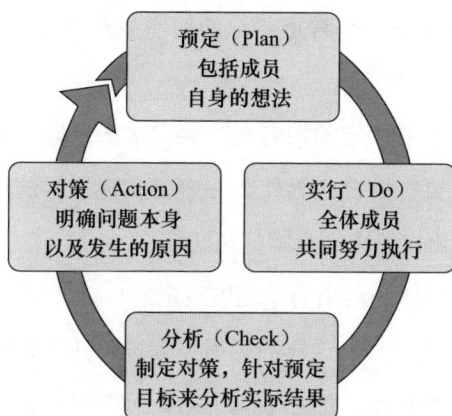

图 A-2　连续不断地运转 PDCA 循环

5. 部门内会议的召开

观点：为了更好地共享并实施设定的预定，就需要增进部门内部成员之间的交流和沟通，这对于更好地落实成员所提出的灵感方案更是不可或缺的。

召开部门内会议的目的，是为了让领导者明确下个月的部门目标，设定为了达成目标而需要的具体课题和工作，并优化人员的配置。

部门内会议的进行方法

（1）分析实绩的内容，总结上个月的反省。利用结算表，向成员反馈目标的达成状况和经营结果。

（2）提出现场岗位的课题和问题点，吸收各方面意见，讨论改善策略。现场每个人面临的问题点，或者感觉到的点等，这样一个个小题目的提出非常重要。如何激发出现场每个人的智慧，这是领导者重要的职责。

（3）公示当月预定的内容和需要完成的课题。不仅是读一下数字，领导者要宣讲自己为什么一定要实现这样的预定目标，用生动的话语讲出自己内心真实的想法。

尽量清楚具体地讲出为了完成设定的目标，需要怎样去做。

让每一个成员都有这样的意识：完成每一个预定目标，会通过部门结算反映出来，更能对部门以及公司整体的发展做出贡献。

（4）共享部门的愿景和梦想。领导者用自己切实朴素的语言向成员描述部门在公司的存在意义、部门的目标、姿态等，激发成员的斗志。

6. 早会的召开

观点：早会时间，是现场全体员工为了将心积聚到一起的宝贵时间。有人说：看看早会的样子就能知道那个现场的状态。因此早会是良好现场氛围形成不可缺少的交流沟通时间。

公司召开全体早会和部门内部早会，这是统一员工的思想，促使员工意识到自己应该如何思考，如何努力完成自己工作十分重要的时机。早会的主要实施内容包括以下 5 项：①早晨的致辞；②出勤检查；③实绩进度状况和预定的汇报；④联络事项；⑤经营理念手册的轮流诵读。

全体早会的进行方法

（1）主持人站到大家的面前（主持人由部门领导担当）。主持人鼓足精神："以某某人为基准，全体，立正！现在开始进行早会。大家早上好！"全体员工齐声回应："早上好！"

（2）检查各部门的出勤状况。如果有缺席或迟到的，要求说明理由。

（3）报告各部门的实绩进度和预定。发表各个部门到昨天为止累计实绩和进度。不仅是自己部门的实绩，将其他部门的实绩对所有人进行共享，这非常重要。

（4）公布其他联络事项，以及本日的主要活动安排（客人来访等）。

（5）齐声朗读公司信条、经营理念。

（6）轮流诵读经营理念手册。轮流逐项诵读，并叙述自己的所感所悟。之后领导者对此进行评论。

（7）结束、解散。最后，主持人鼓动大家士气："今天让我们鼓足干劲一起加油！"全体员工齐声回应："请多多关照！"

各部门内部的早会

确认自己部门的进度情况，并进行共享。确认每个成员当天的工作时间表。这个时候，作为领导者，向成员传达"无论如何都要完成今天的预定"这样的信息是非常重要的。

7. 聚餐会的召开

观点：通过聚餐会，与一起努力工作的伙伴诉说工作中的烦恼和自己的梦想，建立相互之间强大的信赖关系。

对于阿米巴经营，公司全体的调整安排、各个阿米巴内部的团结等，是非常重要的事情。为此，公司内部就必须建立起相互之间强大的信赖关系。在同一个战壕里并肩作战的队友，一边喝酒，一边敞开胸襟打开心扉，相互倾诉工作上的烦恼和各自的梦想的场所，就是聚餐会。相互激励，将强大的信念共享，就能构筑起强大的团结力和信赖关系。聚餐会的种类多种多样，举例说明，比如有经营会议结束之后的决起聚餐会，经营者与干部、阿米巴领导者个别进行的个别聚餐会，阿米巴内部的聚餐会等。

决起聚餐会的实施例子

（1）主持人开场白。明确说明今天实施聚餐会的目的。

（2）领导讲话。

（3）干杯。干部致辞，并进行共同干杯仪式。

（4）欢谈。大家一边喝酒一边围坐在干部周围，敞开心扉将平时说不出口的事情说出来、问出来。

（5）决起决意表明。阿米巴领导者表决心（人数较多的话规定每人 5 分钟）。尽量说出具体的目标（数字）和强烈的信念。这个时候大家停止欢谈，安静地听发言者讲话。

（6）结束语。发表实施此次聚餐会的感想，并诉说自己的梦想。

（7）主持人结束致辞。

聚餐会的要领

（1）干事制定聚餐会流程安排和座位安排。会场尽量选择日式榻榻米房间。

（2）聚餐会开始的时候，一定明确传达实施聚餐会的目的。

稲盛和夫

（3）别人站在那里讲话的时候，所有人都要侧耳倾听。

（4）对于那些平时很少见面或说话的人，尽量安排他们坐近一点，以便于他们进行交流。

（5）对前辈敞开心扉，正面寻求帮助教诲，对后辈积极地倾听他们提出的问题，帮助他们解决。

（6）原则上要求全员参加。

阿米巴经营用语集

阿米巴经营的用语中，有很多独自使用的用语，与一般的经营用语在意思上有所差别。在这里，我把关于阿米巴经营的运用，尤其是与结算表相关的特殊用语列示出来，进行简单的说明，其中一部分引用于《京瓷阿米巴经营用语集》。

阿米巴经营　阿米巴经营是以京瓷经营哲学为基础，为实现京瓷经营理念和经营哲学而形成的一套经营管理手法，其主要目的在于：直接与市场相联系的部门结算制度的确立，具有经营者意识的人才培养，全员参与经营的实现。各个阿米巴坚持实现销售额最大化、经费最小化，就可以实现附加价值最大化的经营原则，利用"单位时间附加价值结算表"为基本管理工具进行经营。

阿米巴经营的三要素：

（1）阿米巴组织的设定方法。

● 设定能够明确把握收入和费用的单位。

稻盛和夫

- 能够完成一个独立业务的单位。

- 能够执行公司目的和方针的单位。

（2）阿米巴的定价。

- 从最终销售价格开始进行倒推来设定阿米巴之间的交易价格。

- 进行公平的判断。

（3）作为精神支柱的经营哲学。

- 利益的对立会让公司整体的道德和利益受损。

- 领导者应当成为公平的裁判。

- 领导者必须是拥有崇高人格魅力的人。

毛利 从存货销售的销售额中减掉销售成本之后剩下的部分。

销售成本 销售部门的单位时间附加价值结算表的一个项目，是指在存货销售中售出的商品的成本。

在库单价 自己公司生产的产品是按照生产制造时候的发货金额，进货产品则是按照进货金额来确定。在统计库存销售额的时候，按照在库商品的在库单价来计算销售成本（这与财务会计的销售成本计算方法不一样）。

销售额 销售部门的单位时间附加价值结算表里的一个项目，是商品的销售金额。

应收账款 货款后付的销售方式叫作赊销，赊销的金额就叫作应收账款。产品的销售额以应收账款的形式计入销售额，其中客户还未付款的部分称为未收账款。

应收账款利息 销售部门的单位时间附加价值结算表里的一

个项目。为了让销售部门尽快回收应收账款，在发生应收账款之日起经过一定的期限之后，就要向销售部门对未收账款加收一定的利息。

销售手续费 销售部门的单位时间附加价值结算表里的一个项目。

统计销售额时的销售手续费 统计销售额的时候，销售部门从生产制造部门那里获得的销售手续费。

销售部门 通过市场营销活动从客户那里获得订单，一方面确保生产制造部门的工作，一方面根据客户需求向客户提供令客户满意的产品或服务，并回收货款或服务费的部门。在阿米巴经营里面，生产制造部门和销售部门分别进行独立核算（利润中心）。

支援 在特定的期间内开展的跨部门业务支援，不发生人事上的调整和变动。

应付账款 采用货款后付的方法进行的购买行为被称为赊购，过程中发生的金额被称为应付账款。应付账款中还没有支付给对方的款项被称为应付账款余额。

外包 将生产业务的一部分委托给外部其他企业的行为。

加工部门 对制造工序（一段或者一部分）负责、统计生产额的部门。

稼动时间 总劳动时间。一般来讲，根据公司日历设定的出勤日来计算，在特定情况下需要根据工厂车间或分公司的调整而变更。

会计科目 簿记计算单位的具体名称，被称为会计科目。在阿米巴经营里面存在着不同于财务会计（财务科目）的单位时间附加价值结算表的科目体系，单位时间附加价值结算表和利润表是有机地结合在一起的。

间接共通时间　单位时间附加价值结算表里的一个项目。工厂车间、事业所、销售网点等间接部门的员工劳动时间，在各个结算部门之间进行分摊。

间接共通费用　单位时间附加价值结算表里的一个项目。事业所、销售网点等间接部门发生的经费，在各个结算部门之间进行分摊。

间接部门　广义上讲是指经营管理部门、资材部门、总务部门、环境部门等非结算部门。狭义上讲则是指在各个事业部之中，从事对与事业目的有直接联系的部门进行支持支援工作的部门。

管理会计　在企业内部的，为经营者的经营决策提供各种会计信息作为判断依据的会计。不同于法律规定的会计规则，可以在各自的企业内部根据企业的具体状况自由地进行设计。有为设备投资等提供判断依据的管理会计，也有期中利润计划、预算管理、标准成本计算等为绩效评价提供依据的管理会计。在阿米巴经营里面，单位时间附加价值结算表等表格资料就属于作为管理会计判断依据的资料。

技术费用　生产制造部门的单位时间附加价值结算表里的一个项目。对提供生产技术、产品技术的部门或单位支付的专利费、技术支持费用等。

委托加工费　生产制造部门的单位时间附加价值结算表里的

一个项目。在进行业务外包时，向承包方支付的业务费用。

合作对价 企业内交易的一个形态。医疗、运输、物流等不存在具体商品流动、多个部门共同参与最终提供一项服务的时候所采用的体系。为客户提供服务的主体部门向提供帮助的非主体部门支付的报酬被称为合作对价。在阿米巴经营里面，通过这个合作对价来对各个部门进行结算管理。

勤怠时间 在计算工资的时候发生的"法定劳动时间"和"加班时间"总和，被称为勤怠时间。单位时间附加价值结算表里面的总劳动时间是"稼动时间"，所以在使用的时候需要与勤怠时间区分开来。

经营管理 在事业部单独结算的前提下实行的、以阿米巴经营为基础而实行的经营管理体制的确立、维系和运营，被称为经营管理。经营管理部门作为阿米巴经营和经营哲学的实践部门，必须负有使命感和责任感。也就是说，经营管理部门必须坚持"严格按照原理原则，追求事物的本质"和"正确做人"的判断基准。

经费转移 在某个部门发生的费用由其他部门来负担，这种会计处理被称为经费转移。根据经费发生部门的要求，经过企业财务判断为合理的情况前提下，可以对会计科目和负担序号进行变更，以实现经费转移。

经费合计 销售部门的单位时间附加价值结算表里的一个项目，经费的合计。

折旧费 单位时间附加价值结算表里的一个项目。土地以外的有形固定资产随着其被使用或时间的流逝，其本身的价值也会逐渐减少。这种减少作为费用进行计提，被称为折旧，而计提的费用，则被称为折旧费。

研究开发部门　通过进行新产品、新技术的研发来对新事业的开拓承担责任的部门。

研究手续费　根据公司内部制度规定的、在新产品、新技术或新材料实现量产的时候，生产制造部门需要向研发部门支付的费用。

工厂经费　制造部门的单位时间附加价值结算表里的一个项目。在工厂总务部门、劳务部门、经营管理部门、资材部门等工厂共通部门发生的经费当中，有些部分的受益部门难以明确，因此就将这部分费用按照一定比例（生产总额比例、总劳动时间比例或人员比例等）进行分摊，这部分费用被称为工厂经费。由工厂管理部门作成一览表，在各个结算部门之间进行分摊。

扣除额　生产制造部门的单位时间附加价值结算表里的一个项目，经费的合计。

固定资产利息　单位时间附加价值结算表里的一个项目。在购入固定资产的时候，公司一次性支付全额，而固定资产的使用部门每个月进行折旧，所以可以看作公司为相关部门一次性垫付了固定资产的总额。将垫付的总额看作相关部门负担的借款，所以需要相关部门负担相应的借款利息。

固定资产处理损益　单位时间附加价值结算表里的一个项目。在对固定资产进行废弃或销售的时候发生的利益或损失。

固定费用　设备的折旧费、人工成本等，不随着销售收入、生产总额的变化而变化的经费，被称为固定费用。固定费用一旦生成就不会简单减少。每个月的经费当中，如果固定费用的比例比较大的时候，如果销售额减少了，经营情况就会恶化，经营体制就会变弱。因此，对于能够增大固定费用的固定资产投资和增加人员等行为，需要谨慎从事。尽可能地降低固定费用，公司的营业收入即便出现略微减少，也能保证强大的经营体制。

在库（存货资产）　原材料、进货、产品、商品等，从事生产销售活动的时候所存有的、在未被使用或销售的期间范围内的相关物品，或其管理、保存行为。

在库移动　在存货销售之中，为了确保各个仓库合理的在库量，对存货的具体场所进行变更的行为。

在库利息　单位时间附加价值结算表里的一个项目。对于一定期间以上的存货，相关部门必须负担一定的利息。这有助于削减长期存货的发生。存在库存，说明资金的回笼被拖后了，也就表示增大了公司的机会成本（在京瓷集团，对在库时间超过两个月的存货，向相关部门按照一定比例征收利息）。

存货销售　根据市场需求的预测来进货，并在接到订单的同时发货的销售方式。销售部门通过发出公司内订单的方式来保有存货，但因为是根据需求预测来发出订单，所以发出订单的数量和金额必须经过经营者的裁决。

结算部门　有收入，可以进行单独核算的部门。如像生产制造部门那样在单位时间附加价值结算表上能产生生产总额、经费总额、差额收益的部门，或像销售部门那样在单位时间附加价值

稻盛和夫

结算表上能产生订单额、销售总额、收益总额、经费总额、差额收益的部门。

财务会计　企业通过做成和公开资产负债表、利润表等财务报表的方式，将公司的财务状况和经营绩效向公司外部的股东、债权人、客户，以及税务部门等与公司有关的组织和个人进行报告的会计。

材料供给　在委托加工或委托生产业务中发生的、公司向外包企业提供原材料等的行为。

先入先出　存货管理中实行的从先入库的商品开始出库的做法。这样做可以防止存货的长期化。

剩余产能　从生产制造部门的最大产能中减掉目前的生产量所得到的差额部分。

差额收益　单位时间附加价值结算表里的一个项目。从收入中减掉人工费之外的所有经费之后剩下的部分。换句话说，就是阿米巴生产出来的附加价值。

差额比率　差额收益在总收入中占的比例。这是把握阿米巴附加价值产出效率的重要指标。"差额比率＝差额收益÷收入×100%"。

半成品差额　在进行结算的时候计入的、表示半成品的期初与期末之间差额的会计科目。

单位时间附加价值　单位时间附加价值结算表里的一个项目。表示的是阿米巴在一个小时能赚多少钱、能制造出多少附加价值。因为排除了阿米巴的生产规模和人员等因素，所以能够公平地评价各个阿米巴的结算绩效。各个阿米巴的单位时间附加价值的增大可以促进公司整体经营绩效的提高，是公司重要的统一经营指标。比起一时的波动，更加注重长期的提升。"单位时间附加价值 = 差额收益 ÷ 总劳动时间"。

单位时间销售额　销售部门的单位时间附加价值结算表里的一个项目。表示销售部门一个小时的平均销售额。"单位时间销售额 = 总销售额 ÷ 总劳动时间"。

单位时间附加价值结算表　京瓷公司内部的阿米巴进行的生产销售活动，到底为公司的利润做出了多少贡献？生成了多少附加价值？单位时间附加价值结算表就是用来把握这样数据的资料。主要分为销售类和生产制造类两种，从班组开始到公司整体，在各个层面上做成和利用。研发部门和生产制造的间接部门活用生产制造类的单位时间附加价值结算表，公司总部的间接部门则活用销售类的单位时间附加价值结算表。

单位时间生产额　生产制造部门的单位时间附加价值结算表里的一个项目。表示各个生产制造阿米巴在一个小时内的生产额。"单位时间生产额 = 生产总额 ÷ 总劳动时间"。

时间转移　去帮助其他部门或阿米巴工作的时候发生的劳动时间，需要由对方部门或阿米巴来负担，这种劳动时间结算上的处理，被称为时间转移。

对外发货　生产制造部门的单位时间附加价值结算表里的一个项目。表示接单生产方式中对外面客户的生产总额。虽然是对外发货，但不是说真正意义上的发出货物，只要产品被搬进物流仓库，而且生产数据被录入发货管理系统，就被认定为对外发货。在京瓷公司，每天正午 12 点之前，只要完成了上述处理，即可计入当天的 EDP 并统计为绩效。

内部销售　生产制造部门的单位时间附加价值结算表里的一个项目，对公司内部其他阿米巴销售的额度。

内部买入　生产制造部门的单位时间附加价值结算表里的一个项目，从公司内部其他阿米巴那里采购的额度。

内部利息　在发生存货导致资金回收延迟，或者购买固定资产时发生公司垫付金额的情况下，由于资金的占用而让相关部门负担相应利息的制度。

内部交易　在阿米巴经营中，公司内部各工序之间的产品流动，是按照外部市场交换的机制来进行的，这样的产品与资金的流动被称为内部交易。阿米巴通过内部交易做出利润，实现独立的自主经营。

内部下单　内部交易之中发生的、后工序向前工序发出订单的行为。

内部版税　向研发部门支付的研发成果的对价。研发部门研发出新产品或新技术，使得结算部门的阿米巴能够实现利润最大化，那么结算部门的阿米巴就必须向研发部门按照一定的比率支付版税。研发部门获得版税之后，可以用于新研发项目的投资。

订单　销售部门的单位时间附加价值结算表里的一个项目。销售部门从客户那里实际获得的订单的总额。

订单余额　获得的订单之中，还没有生产制造完的订单金额。

接单生产　按照顾客的订单要求来进行生产制造的生产方式。这种生产方式可以减少存货积压的风险，但也有因为客户不一样而发生产品规格、发货期限、价格等都不一样的一面。

发货指示　由销售部门向发货负责部门（各个工厂的物流部门）发出的关于产品发货的指示。

商品（内部销售）　生产制造部门的单位时间附加价值结算表里的一个项目。在存货销售体系中，按照预测的销售量进行生产。因为买方是销售部门，所以不会发生内部买入。销售部门在预测销售量通过决议之后，对生产制造部门发出内部订单。

生产计入　将生产制造部门通过利用原材料进行的生产制造活动而生产出的产品，作为生产制造部门的收益进行核算的行为。

制造存货　没有被进行 EDP 管理的存货，或者在进行 EDP 管理的存货之中的、由生产制造部门负责的存货。

制造订单余额　在生产制造部门接到的生产订单之中，还没有进行生产的部分被称为制造订单余额。

生产制造部门　按照客户要求的价格、质量、服务和期限等生产制造产品，并制造出利润的部门。

产品　在接单生产体系下生产制造出来的物品被称为产品。相对而言，存货销售体系下生产制造出来的物品被称为商品。

总销售额　销售部门的单位时间附加价值结算表里的一个项目，指从销售总额中减掉退货总额、折扣金额等剩下的额度。在利润表里面相当于销售总额。"总销售额 = 销售总额 − 退货折扣金额"，在利润表里面"总销售额 = 销售总额"。

稻盛和夫

总劳动时间 单位时间附加价值结算表里的一个项目，是法定劳动时间、加班时间、内部分摊劳动时间和间接部门分摊劳动时间的总和。差额销售额（生产制造部门）或差额收益（销售部门）除以总劳动时间，就可以算出单位时间附加价值。总劳动时间的削减可以提高单位时间附加价值。"总劳动时间＝法定劳动时间＋加班时间＋部门内共通时间＋间接部门共通时间"。

总收益额 销售部门的单位时间附加价值结算表里的一个项目，是接单生产和存货销售所获得的利润的总和。"总收益＝接单生产利润合计＋存货销售利润合计"。

总发货额 生产制造部门的单位时间附加价值结算表里的一个项目，是接单生产的对外发货和内部交易的内部销售的总和，是生产制造部门生产出的产品的总额，并不代表实际发货的数量。"总发货＝对外发货＋内部销售"。

总生产额 生产制造部门的单位时间附加价值结算表里的一个项目，阿米巴实现的实际生产额。从前道工序通过内部交易买来的半成品里面，包含了前道工序所实现的附加价值，因此从本阿米巴的总发货额中减掉通过内部交易买进来的半成品费用，就可以得到本阿米巴所实现的附加价值，即总生产。通过扩大对公司内部和外部的发货，并尽量减少内部采购，这样就可以实现总生产的最大化。"总生产额＝总发货额—内部采购"。

双重核查 对于某一项业务，除了操作人员本身之外，还安排多人或职能不同的其他部门来进行核查，最终确认业务是否得到了正确的操作，这被称为双重核查。原则是防止当事人犯错。

在阿米巴经营，对资产物品的采购、产品的发送、应收账款的回收等，所有的业务都实行双重核查。

直接部门　在广义上是指生产制造、销售、研究等结算部门。在狭义上则是指各个生产制造、销售、研究部门当中实施获取订单，进行生产制造，核算销售额等部门。

法定时间　单位时间附加价值核算表里的一个项目。根据工作日和所规定的劳动时间算出来的总劳动时间。

随用随买　对于原材料、零部件和消耗品等，不进行一次性大量采购，而是对必要的物品，在必要的时候，购买必要的数量。这样的采购方法，可以防止一次性大量采购产生的不必要的管理费用，也可以随时随着客户关于商品样式规格等要求发生变化而灵活地做出调整，更能防止发生原材料、零部件和消耗品等的浪费。

内部技术费　生产制造部门的单位时间附加价值结算表里的一个项目。对于研发部门所实施的对产品、材料、技术的全新研发、改良等活动，生产制造部门对研发部门通过内部交易而支付的费用。

内部各种经费　单位时间附加价值结算表里的一个项目。在将各种经费的复合项目向其他部门进行经费转移的时候，则被称为转移科目。

进货　各种资财或内部交易物品从外部搬入工厂或相应部门，被称为进货。

配赋　将非结算部门所产生的费用和劳动时间向相关结算部门分摊的行为。

稻盛和夫

发生主义　不论是否有现金的收入或支出，只要能够确认价值的诞生就计入收入，能够确认价值的消费就计入费用，这样的做法被称为发生主义。相对而言，按照现金流来确认收入和费用的做法则被称为现金主义。

非结算部门　生产制造部门的单位时间附加价值结算表里的，不发生总生产额、扣除额、差额销售额（收益）的部门；或者销售部门的单位时间附加价值结算表里的，不发生总销售额、总收益、经费合计和差额受益的部门。非结算部门发生的费用和劳动时间最终会在相应的结算部门之间进行分摊。

标准成本方式　对所有的成本要素的价格和消费量运用科学的方法进行调查，并事先设定好成本标准，在实际发生成本费用的时候按照事先设定好的标准成本计算和评价的方法。在京瓷公司，由于考虑到实行标准成本方式作业量巨大，而且没有什么实际价值和效果，因而没有采用，而是根据"销售价格和成本价格随时都会发生变化"和"市场价格的变动应该反映到库存里面"这样的想法采用卖价还原法。

附加价值　从产品的销售额中扣除为了生产制造产品所花费的材料费、设备折旧费等，除了劳务费之外的所有费用之后剩下的金额。

部门内共通费用（时间）　单位时间附加价值结算表里的一个项目。发生在事业本部、统括事业部或者事业部内部的，从间接部门或销售部门分摊过来的费用（时间）。

利润中心　能够明确收支，能够对利润进行管理的组织单位。

在一般的制造企业，生产制造部门通常是作为成本中心来运作，而在阿米巴经营中，生产制造部门和销售部门的各个阿米巴都直接与市场连接，作为利润中心运作，为了维持和提高自己阿米巴的利润，所有成员齐心协力共同努力。

总部经费 销售部门的单位时间附加价值结算表里的一个项目。为了分摊广告宣传费等公司全体的经费而向各个部门征收的每小时等额的费用。

总部收入 公司内部所发生的利息收入、手续费收入等。这些收入由结算部门负担，而由公司总部作为收入来计入。获得这些收入之后，公司总部可以用于公司总部的管理费用和运营费用等。

总部负担经费 公司的主营业务之外所发生的必要的经费支出，一般作为特别经费由总部负担。

Master Plan 根据公司整体的方针以及各个事业部的方针和目标，在经过严密的思考和模拟演练之后所设定的，能够表达阿米巴领导者"这一年要实行怎样的经营"意志的目标计划。年度的 Master Plan 设定好之后，会被分割成月计划，并通过月末、半年、年底这样的时间点来对 Master Plan 中设定的预定和实绩进行对比来进行管理。Master Plan 的达成，是全公司所有阿米巴都在追求的大目标。

在京瓷，各个部门在每个年度（4 月 ~ 第二年 3 月）都会设定好接受订单额、总生产额、销售额、差额销售额、总劳动时间、单位时间附加价值、人工费、税前利润、设备投资额、人员计划等，形成 Master Plan，并在京瓷集团层面上进行统计核算。

预算（制度） 根据中长期计划，在预算期间内编制而成并用数字表示的集团公司整体的事业计划和业务计划等。在预算期间内指示集团公司的利润和现金流等绩效目标，调整集团公司内外的各项业务活动，是管理企业整体的综合管理工具。

在京瓷，不存在以确定开销额度为前提的预算管理，取而代之的则是 Master Plan。另外，因为京瓷公司采取了在必要的时候购买必要的商品的"随用随买"原则。比如在进行设备投资的时候，需要提交设备投资计划书，并接受上级和相关部门的审批。在这个过程中，设备投资的必要性、客观性和妥当性，都需要得到证明。

"日本经营之圣"稻盛和夫经营学系列

任正非、张瑞敏、孙正义、俞敏洪、陈春花、杨国安　联袂推荐

序号	书号	书名	作者
1	9787111635574	干法	【日】稻盛和夫
2	9787111590095	干法（口袋版）	【日】稻盛和夫
3	9787111599531	干法（图解版）	【日】稻盛和夫
4	9787111498247	干法（精装）	【日】稻盛和夫
5	9787111470250	领导者的资质	【日】稻盛和夫
6	9787111634386	领导者的资质（口袋版）	【日】稻盛和夫
7	9787111502197	阿米巴经营（实战篇）	【日】森田直行
8	9787111489146	调动员工积极性的七个关键	【日】稻盛和夫
9	9787111546382	敬天爱人：从零开始的挑战	【日】稻盛和夫
10	9787111542964	匠人匠心：愚直的坚持	【日】稻盛和夫 山中伸弥
11	9787111572121	稻盛和夫谈经营：创造高收益与商业拓展	【日】稻盛和夫
12	9787111572138	稻盛和夫谈经营：人才培养与企业传承	【日】稻盛和夫
13	9787111590934	稻盛和夫经营学	【日】稻盛和夫
14	9787111631576	稻盛和夫经营学（口袋版）	【日】稻盛和夫
15	9787111596363	稻盛和夫哲学精要	【日】稻盛和夫
16	9787111593034	稻盛哲学为什么激励人：擅用脑科学，带出好团队	【日】岩崎一郎
17	9787111510215	拯救人类的哲学	【日】稻盛和夫 梅原猛
18	9787111642619	六项精进实践	【日】村田忠嗣
19	9787111616856	经营十二条实践	【日】村田忠嗣
20	9787111679622	会计七原则实践	【日】村田忠嗣
21	9787111666547	信任员工：用爱经营，构筑信赖的伙伴关系	【日】宫田博文
22	9787111639992	与万物共生：低碳社会的发展观	【日】稻盛和夫
23	9787111660767	与自然和谐：低碳社会的环境观	【日】稻盛和夫
24	9787111705710	稻盛和夫如是说	【日】稻盛和夫
25	9787111718208	哲学之刀：稻盛和夫笔下的"新日本 新经营"	【日】稻盛和夫

"日本经营之圣"稻盛和夫经营实录（共6卷）

跨越世纪的演讲实录，见证经营之圣的成功之路

书号	书名	作者
9787111570790	赌在技术开发上	【日】稻盛和夫
9787111570165	利他的经营哲学	【日】稻盛和夫
9787111570813	企业成长战略	【日】稻盛和夫
9787111593256	卓越企业的经营手法	【日】稻盛和夫
9787111591849	企业家精神	【日】稻盛和夫
9787111592389	企业经营的真谛	【日】稻盛和夫